KB248383

배/려

관계를 바꾸는 힘

배려

지동직 지음

북스토리

배려는
타인과 지혜롭게 공존하는
최고의 방법

이태호, 『이코노미21』 기획위원

'배려'는 사랑하고 사랑받고 싶은 인간의 본능적 욕구에 속한다. 우리는 태어날 때부터 세상을 등질 때까지 존경받기를 원하며, 모든 삶 속에서 자신의 가치가 살아 숨쉬길 원한다. 한편, 배려가 성공한 사람들의 공통적 습관 중 하나라는 점이 사람들에게서 점차 설득력을 얻고 있다. 이는 배려가 사람의 마음을 움직이고 세상을 바꾸는 원동력이라는 점을 새롭게 일깨우는 징표인 것이다.

이 책은 윤리적 가치에 입각해서 배려를 다루지 않는다. 그렇다고 배려가 무엇인지 간단하게 정의하고 그 필요성을 역설하는 데

머물지도 않는다. 배려는 자신과 타인이 서로 발전하면서 공존할 수 있는 과학적 법칙이며, 배려의 결과는 곧 자신의 행복과 직결되는 차별적 우위 요소임을 역설한다.

사실 배려는 겉으로 보기에 손해 보는 장사인 것처럼 보인다. 하지만 실제 현실 속에서는 양보나 자발적 희생, 배려와 같은 이타적 행동이 우리가 상상하는 것 이상의 긍정적인 결과를 가져오는 경우가 많다. 흥미로운 점은 카네기와 같은 대부호들은 거대한 부를 쌓았을 때보다는 그 부를 좋은 일을 위해 베푸는 과정에서 행복을 느끼기 시작했다는 점이다. 그런 점에서 '배려'는 진정한 행복을 꿈꾸는 사람들에게 꼭 필요한 마음가짐임이 분명하다. 하지만 이것이 가식적이거나 이해관계를 실현하는 수단으로 전락해버린다면, 그 순간부터 자기 소멸을 가져온다. 배려는 스스로 우러나올 때 빛을 발하기 때문이다.

그렇지만, 배려에도 방법이 필요하다. 배려를 요구하는 상황이나 받아들이는 사람들의 태도가 각각 다르기 때문이다. 게다가 배려는 존경심이나 포용, 관용, 애정, 사랑 등과 같은 방식으로 다르게 표현될 수도 있다. 경우에 따라서는 단지 몇 분 정도만 주의를 필요로 하거나 혹은 아주 장기간에 걸친 노력이 요구되기도 한다. 배려하는 방법은 진심으로 우러나오는 마음을 더욱 세련되고 고상하게 다듬어준다. 왜냐하면 배려의 방법을 이해하는 것 자체가 또 하나의 배려이기 때문이다.

또한 배려는 마치 신앙심을 쌓아가는 것과도 같다. 한순간에 만들어지는 것이 아니라 작고 사소한 것에 대한 세심한 배려를 습관화하고, 이를 차곡차곡 마음의 창고에 쌓아둘 때 완숙해진다. 그런 점에서 이 책은 자신의 행복이나 성공적 삶을 위해 배려가 얼마나 중요한지를 깨닫게 해준다. 그리고 배려가 어떤 결과를 낳는지, 주어진 상황에서 무엇을 어떻게 배려해야 하는지 알려주는 실용적인 지침서이기도 하다. 단순한 자기계발을 위한 실용서가 아닌 자신의 삶과 가치를 좀 더 성숙하게 완성시키고, 이해관계가 득실거리는 세상에서 타인과 지혜롭게 공존할 수 있는 방법을 제시한다.

메마른 감정에 둘러싸인 인간관계를 배려로 녹이고 싶은 사람, 따뜻한 리더십을 통해 긍정적인 조직을 만들고 싶은 지도자, 온유하고 사랑 넘치는 가정을 꿈꾸는 사람 등 배려를 통해 지혜로운 성공을 꿈꾸는 사람들에게 이 책을 권한다. 배려를 일상 속에 습관화할 수 있다면, 분명 예상치 못한 놀라운 긍정적 결실을 거두게 될 것이다.

더 깊고
더 특별한 관계로
만들어주는 열쇠, 배려

아시아, 유럽의 여러 나라와 프로젝트를 수행하면서 나는 세계 각국의 다양한 문화를 경험하며 많은 사람들을 만났고, 그러면서 줄곧 사람과 사람 사이의 관계에 대해 생각하게 되었다. 어떤 사람은 잠깐 만났지만 오래 기억에 남아 언젠가 시간만 허락한다면 또 찾아가 만나보고 싶은 마음이 드는 반면, 또 어떤 사람은 만나는 순간부터 시간이 더디 가 어서 빨리 시간이 지나갔으면 하는 마음이 굴뚝같았다. 그런 사람은 애써 언제 한번 식사나 하자고 '다음에'라는 알 수 없는 훗날을 기약하며 헤어지고 나면 좀체 만나고 싶지 않은 마음이 들기도 한다.

'혹시 내 마음속에 이 사람에 대한 선입견이 있었던 건 아닐까?' '나는 왜 이 사람에게 이런 태도를 보이는 걸까?' '그런데 나는 왜 유독 그 사람에겐 관대해, 손해를 보더라도 부탁을 들어주는 걸까?' 여러 의문이 생기지만 우리는 명쾌하게 논리적으로 분명한 이유를 댈 수 없는 아이러니한 인간관계에 놓일 때가 많다.

심리학자 알프레드 아들러는 인간의 모든 고민은 대인관계에서부터 비롯된다고 했다. 그만큼 얽히고설킨 인간관계에 대한 고민은 지위의 높고 낮음을 막론하고, 또 나이의 많고 적음을 떠나 누구나 한 번쯤 해봤을 정도로 개인에게는 너무나도 심각한 인생의 숙제인 것이다.

자라온 환경마다 차이는 있겠지만, 우리는 어렸을 때부터 성인이 될 때까지 많은 인간관계를 맺으며 지낸다. 가정이라는 울타리를 벗어나서 처음 여러 인간관계가 형성되는 학창시절을 떠올려보면 그 사이에서도 분명 인기가 많고 눈에 띄는 친구가 있었다. 그는 모든 사람들의 관심을 받았으며 누구든 그 친구와 친하게 지내고 싶어했다. 사회에 나와 직장생활을 할 때도 별반 다르지 않다. 누구나 편하게 생각하고 호감을 사는 사람들 주변에는 늘 그들을 신뢰하여 믿고 따르는 사람들이 모여들곤 했다.

심지어 거래처와 같이 이해관계가 얽혀 있는 곳이라도 유독 다른 거래처들보다 발길이 더 자주 닿는 곳이 있다.

오랫동안 나는 사람들의 마음과 신뢰를 얻는 이들을 관찰해오면서 단 하나의 공통점을 찾을 수 있었다. 사람들의 마음을 사로잡는 호감 가는 이들은 항상 그들만의 인품의 향기를 풍기고 있었다. 다양한 민족과 계층에도 불구하고 어디서나 환영받고 존경받는 이들이 가진 그것, 바로 다른 사람을 먼저 헤아리는 '배려'하는 습관이 주는 향긋한 향기였다.

사람의 마음을 움직이는 이들에겐 반드시 배려가 있다. 아무리 작은 배려일지라도 그 파급 효과는 놀랄 만큼 강해 어렵고 가망이 없어 보이는 관계일지라도 그 흐름이 360도 달라지는 걸 나는 여러 번 경험하곤 했다. 이렇게 관계를 바꾸어주고, 나아가 더 깊고 더 특별한 관계로 만들어주는 배려를 모두가 실천할 수만 있다면 분명 세상은 더 아름답고 살기 좋은 사회가 될 것이라는 생각이 들게 되었다.

그리하여 인간관계를 더 윤택하게 만들어주는 윤활유 같은 역할을 하는 배려를 더욱 잘 실천할 수 있도록 그동안 보아왔던 배려의 방법들을 정리해 한 권으로 담기에 이르렀다.

이 책을 통해 여러분은 각자가 처한 현재의 나의 모습과 주변을 한번 점검해볼 수 있을 것이다. 내가 좋아하는 주변 사람들은 어떤 성품을 갖고 있으며, 어떻게 행동을 하는 사람들인지, 내 주변에 나를 신뢰하며 나를 위해 기꺼이 시간을 내주며 모이는 사람들은 얼마나 되는지, 또 나는 내 주변 사람들을 어떻게 대하고 있는지를 점검해보자.

그 시간을 통해 나를 신뢰하며 나와 시간을 보내기 위해 모이는 한 사람 한 사람이 매우 소중하다는 것을 금방 깨닫게 될 것이다. 살아가는 동안 주변 사람들에게 조금만 세심한 주의를 기울여 마음을 담은 배려를 실천한다면 어느 곳에서나 누구에게나 환영받는 사람이 될 수 있다. 헝클어진 관계를 새롭게 바꾸고 싶다면, 지금 바로 사람의 마음을 사로잡는 배려를 실천하자. 그것이 여러분의 인생을 아름답게 가꾸고, 조금 더 살기 좋은 따뜻한 세상을 만드는 원동력이 될 것이라 확신한다.

CHAPTER 1

관계를 바꾸는 새로운 시작, 배려

관 계 를 바 꾸 는 힘 · **배 려**

관계를 바꾸는
새로운 시작, 배려

CARING

형제의 배가 항구에 도착하도록 도와주어라.
그리고 살펴보라.
그러면 당신의 배도 무사히 항구에
도착해 있다는 사실을 알게 될 것이다.

— 힌두교 속담

큼직한 친절로 큼직하게 이겨라.
최후의 승자는 친절한 사람이다.
힘없는 사람, 용기 없는 사람은
다만 친절한 척할 뿐이다.

— 중국 속담

선한 삶은 방대한 지식에 맞먹는 가치를 지닌다.

— 조지 허버트

우러러볼수록 더욱 높고, 팔수록 더욱 깊고,
친할수록 더욱 경외로운 곳에
진정 크고 아름다운 친절이 있다.

— 법구경

미모의 아름다움은 눈만을 즐겁게 하나,
상냥한 태도는 영혼을 매료시킨다.
부드러움과 친절은 나약함과 절망의 징후들이
아니고, 힘과 결단력의 표현이다.

— 칼릴 지브란

친절은 온갖 모순을 해결하면서 생활을 장식한다.
얽힌 것을 풀어주고 난해한 것을 수월하게 해주며
암울한 것을 환희로 바꾸어놓는다.

— 필립 체스터필드

1

세상은 배려하는 사람을 원한다

평생을 함께하고 싶은 사람

결혼한 사람들에게 상대를 배우자로 택하게 된 동기를 물어보면, 많은 사람들이 배우자의 자상한 배려 때문이라고 한다. 실제로 결혼정보회사 비에나래가 미혼 남녀 446명을 대상으로 조사한 결과에서도 결혼 적령기의 미혼 남녀들은 자상한 남자와 여성스러운 여자를 가장 선호하는 것으로 나타났다.

여성은 남성의 '자상함'을 최고로 뽑았으며, 근면·성실, 책임감, 시원시원함, 강인함 등이 그 뒤를 이었다. 남성은 여성의 여성스러움, 상냥함, 발랄함, 차분함, 근면·성실의 순으로 선호도를 나타냈다. 자상함을 나타내는 것은 두말할 필요 없이 배려심이며, 여성의 여성스러움에도 배려가 가지는 부드러움이나 사소한 것을 챙겨주는 것 등이 내포되어 있고, 상냥함도 배려의 특징이기는 매한가지다.

이렇듯 우리는 평생을 같이할 수 있는 사람으로, 그리고 인생에서 가장 중요한 사람의 조건으로 자상함, 배려심이 있는 사람을 원한다.

설령 자신의 배우자를 찾는 것이 아니더라도 많은 사람들이 배려하는 사람과 함께하고 싶어한다. 그런 사람들과 함께 있으면 믿음직스럽고 편안할 뿐만 아니라 용기와 격려도 얻을 수 있기 때문이다. 그래서인지 그들은 강요하거나 권력을 행사하지 않아도, 많은 사람들이 자발적으로 그들의 말과 행동에 동조하고 때론 그들의 뒤를 따르기도 한다. 그래서 사람들은 배려할 줄 아는 사람과 친해질 수 있는 기회가 생긴다면, 그 누구도 마다하지 않는 것이다. 그들은 어디를 가도 선택받는 사람으로 성공적인 인간관계를 만들어가게 된다.

다행스럽게도 배려는 거창하거나 특별한 것이 아니다. 조금 더 관심을 가져주고, 조금 더 신경 써주고, 염려해주는 것이기에 누구나 삶 속에서 조금만 노력한다면, 배려로 인해 늘 함께하고 싶고 깊은 신뢰를 줄 수 있는 사람, 늘 선택받는 사람이 될 수 있다.

성공하기를 모두가 바라는 사람

우리는 더욱 풍요롭고 성공적인 삶을 위해 지식을 얻고 재능을 키우려고 노력한다. 그러나 지식과 재능이 성공을 보장하지는 않는다. 몇 년 전 내가 본 미국의 한 보고서는 이런 점을 잘 보여주고 있다.

이 보고서는 당시 미국 내 정계, 학계, 경제계, 문화계 등 사회 각 분야에서 최고의 위치에 오른 사람들을 대상으로 설문조사를 했다. 설문에는 '당신이 오늘날 그 위치에 오를 수 있었던 가장 큰 요인이 무엇이라고 생각하십니까?'라는 질문과 함께 학벌, 배경, 친절, 재산, 행운, 특정한 능력 등 다양한 항목이 제시되었다. 설문 결과, 예상 외로 대상의 80퍼센트 이상이 친절과 배려를 으뜸으로 꼽았다.

설문의 응답자들은 대부분 자신이 가진 재능보다도 주위 사람들의 다양한 도움과 응원이 가장 큰 힘이 되었다고 하면서, 평소

자신이 사람들에게 베풀었던 친절과 작은 배려들이 그 밑거름이
된 것 같다고 말했다.

자기계발 분야의 선구자로 불리는 새뮤얼 스마일스 또한 배려
를 인간 최고의 미덕이라고 하면서, "정중하고 친절한 태도는 성
공에 가장 커다란 보탬이 된다"고 했다. 얼마 전 배려와 친절로
장안을 떠들썩하게 한 한원태 씨의 실화도 이를 잘 설명해주고
있다.

서울은행 안양 석수지점에 용역직으로 근무하던 청원경찰 한
원태 씨는 배려심이 많기로 유명했다. 노약자 고객이 오면 앉아
서 기다리도록 하고 대신 입금하거나 돈을 찾아다 주었다. 또 몸
이 불편한 고객들이 있으면 가정으로 직접 방문하는 배려도 아
끼지 않았다. 그렇게 고객들의 신뢰가 쌓이자 혼자 사는 노인들
은 전화를 걸어 거액을 대신 찾아 퇴근길에 갖다 달라고 부탁하
기도 했다.

2년이 지나면서 이 은행에서는 매일매일 진풍경이 벌어졌다.
고객들이 창구에 줄을 서지 않고 청원경찰 한원태 씨 앞에 줄을
서는 것이었다.

IMF 때 은행이 망한다는 뉴스에도 고객들은 그를 믿고 돈을

인출하지 않았을 뿐 아니라, 대량 감원의 한파 속에서 300여 명의 고객들이 용역직인 그를 정식 직원으로 만들기 위해 탄원서를 제출했다. 고객들은 "그를 정식 직원으로 발령하지 않는다면 다른 은행으로 계좌를 옮기겠다"고 항의했으며, 지점장도 그를 정식 직원으로 만들기 위해, 새벽 4시부터 서울은행장의 집 앞에서 무릎을 꿇고 청원해야 했다. 고객들은 청원경찰인 그를 농담 반, 진담 반으로 '한 지점장'이라고 부르기까지 했다. 그도 그럴 것이 한원태 씨는 서울은행과는 전혀 거래가 없던 안양유원지 상인 150여 명 모두를 개척하여 56억 원을 유치해내기도 했다.

그 후, 서울은행이 하나은행과 합병하면서 한원태 씨가 명예

퇴직하자, 다른 은행에서 거액의 스카우트 제의를 해왔는데, 그는 '여기 석수에서 뼈를 묻을 운명'이라며 거절하고, 2003년 2월부터 안양 북부 새마을금고를 일터로 선택했다. 새마을금고로 옮긴 뒤에도 그의 배려와 그의 영향력은 그대로 이어져 예전 고객 가운데 1,000여 명이 그를 따라 새마을금고로 예금을 옮겼다. 그가 새마을금고에 들어가던 때 80억 원에 불과하던 예금은 얼마 지나지 않아 260억 원으로 치솟게 되었다.

일개 용역직 청원경찰이 은행지점장보다 더 큰 힘을 발휘한 것은 그가 고객들에게 보인 친절과 배려 때문이다. 많은 지식과 재능을 겸비한 은행의 고급 관리들도 해내지 못한 일을 자연스럽게 해낸 그의 모습은 평상시에 베푼 배려가 얼마나 큰 힘을 발휘하는지를 여실히 보여준다. 흔히 우리는 '사촌이 땅을 사면 배가 아프다'는 말을 곧잘 하는데, 이런 말도 배려심이 많은 사람과는 거리가 있는 이야기임을 알 수 있다. 이는 사람들은 배려하는 사람들이 잘돼가는 것을 시기하기보다는 같이 즐거워하고 응원을 보내며, 그들이 힘겨워할 때는 격려를 아끼지 않을 뿐만 아니라 앞장서서 힘이 되어준다는 것을 보여주기도 한다. 그리고 마침내 그들이 성공하면 사람들은 세상의 이치가 그런 것이라며 아낌없는 찬사를 보낸다.

세상이 경의를 표하는 사람

마더 테레사가 서거했을 때, 수많은 저술가들이 그녀의 고귀한 인생을 담아내기 위해 세계 각국에서 몰려들었다. 한 사설에서는 그 왜소하고 겸손한 수녀의 강연을 듣기 위해 아이비리그 학생들이 강당을 가득 메웠던 일화를 소개했다. 그 사설에서 유독 내 눈길을 끈 것은, 일찍이 많은 유명 인사들이 그 강당을 빛내주었지만 입추의 여지없이 만원사례를 빚어낸 것은 마더 테레사가 처음이라는 구절이었다. 학생들은 거대한 은행계좌나 대단한 회사 직함도 없는, 이 왜소한 몸집과 검소한 차림의 여인에게 존경심과 경외심을 가지고 그녀의 강연을 듣기 위해 모여들었던 것이다.

그녀는 전 세계를 먹여 살릴 식량을 만들지도, 세계평화를 위해 국제연합을 형성하지도 않았다. 그녀는 단지 그녀가 마주친 한 사람 한 사람에게 관심을 보이고, 최선을 다해 애정을 쏟고, 정성을 다해 그들을 보살폈던 것뿐이다.

"난 결코 대중을 구원하려고 하지 않는다.
난 다만 한 사람을 바라볼 뿐이다.

난 한 번에 단지 한 사람만을 껴안을 수 있다.

단지 한 사람, 한 사람씩만……."

— 마더 테레사

결국, 그녀가 세상에 보여준 것은, 대중 구원이라는 거대한 이슈가 아니라, 우리가 일상생활에서 보이는 배려의 가장 고귀한 모습인 것이다. 그녀는 만나는 한 사람 한 사람에게 관심을 보이고 염려해주고 챙겨주며 정성을 다하는 모습으로 세련된 배려를 해왔던 것이며, 그 사랑과 정성이 마침내 전 인류를 감동시킨 것이다. 그녀 또한 "만일 내가 그 사람을 붙잡지 않았다면, 난 4만 2천 명을 붙잡지 못했을 것이다"라고 말했다.

"끊임없는 친절은 많은 것을 이룰 수 있다. 태양이 얼음을 녹이는 것처럼 친절은 오해와 불신과 적대감을 녹여 없앤다"는 알버트 슈바이처의 말은 바로 그녀의 고귀한 사랑이 왜 가능했는지를 잘 설명해주고 있다.

우리가 가볍게 소홀히 넘겨버리기 쉬운 작은 배려들이 이렇듯 최고 권력자나 거대한 재벌조차 흉내 내지 못할 고귀하고 커다란 힘으로 사람을 모으고 세상을 움직일 수 있는 것이다.

2

배려는 인간관계의 마술사다

인생살이에서 일어나는 갖가지 자질구레한 일들을
우아하고 아름답게 하는 방법은 배우지 않으면 안 되는 것이다.
상대방을 기쁘게 하고 남과 원만하게 지낼 수 있는 기술은 충분히
배울 만한 가치가 있다. 살아가는 데 있어 배울 수 있는 많은 것들 중에서
이만큼 유용하고 가치로운 것도 드물 것이다.

· 맥스 비어봄 ·

배려가 우리 생활에 가장 많은 힘을 발휘하는 것은 바로 인간관계에서다. 배려에는 인간관계를 윤택하게 하고 강하게 만드는 많은 요소들이 숨어 있기 때문이다. 배려할 줄 아는 사람과 함께 있으면 즐거운 화제도 많아지고, 그들이 애정과 넓은 관심으로 늘 편하게 대해주기 때문에 쉽게 마음의 문을 열게 된다.

그들과 함께 있는 시간은 즐겁고 유익하기에 많은 사람들이 모이고, 때로는 그들이 발산하는 부드러운 리더십에 강하게 매료된다. 무엇보다 그들과는 진솔한 대화가 가능하기 때문에 갈등과

오해 없이 많은 일을 함께 해결할 수 있게 된다.

이렇듯 배려는 인간관계를 원활하게 하는 힘인 동시에 풍요롭게 하는 도구이며, 직장생활과 일상생활을 편리하게 하는 힘이다.

배려는 풍성한 화제를 만들어준다

자주 만나는 사람은 만나서 많은 이야기를 하지 않아도 별로 어색하지 않다. 그러나 한두 번밖에 만난 적이 없는 사람은 말이 없으면 매우 어색하고, 많은 대화를 해보고 싶어도 쉽게 할 애기를 찾지 못하는 경우가 많다.

평소 배려심이 많은 사람들은 전에 상대방이 말했던 것을 몇 가지 주의 깊게 기억해놓는 습관이 있다. 그랬다가 차후에 그 사람을 만나면 그것에 대해 다시 물어보며 화제를 꺼낸다. 그렇게 함으로써 상대방에게 관심을 가지고 있음을 보여줌과 동시에 자칫 막히기 쉬운 대화의 물꼬를 트는 것이다. 전에 만나서 했던 이야기를 몇 가지 다시 물어보면 더 많은 이야기들이 꼬리에 꼬리를 물고 나와 대화의 샘이 마르지 않게 된다. 더욱이 상대방은 자신의 관심거리를 주제로 시작하는 이야기이기 때문에 적극적이고 유쾌하게 대화를 즐길 수 있다.

특히 빨리 가까워지고 싶은 사람이 있다면 단순히 기억하는 것에서 멈추지 않고 상대방이 말한 곳을 직접 가보거나, 그가 말한 것을 시도해본다. 그리고 간단하게 그 느낌을 전해주기만 하면 된다.

대학시절 나에겐 교양 강의 시간에 종종 마주쳤던 후배가 있었는데, 그 후배는 길에서 마주칠 때마다 항상 화제가 끊이질 않아 시간 가는 줄 모르게 나를 즐겁게 해주곤 했다. 그 후배는 내게 "선배가 재미있다고 한 책 정말 재미있어서 하루 만에 다 읽었어요"라고 말해주거나, "전에 선배가 이야기하던 일에 대해 잡지에 기사가 나온 게 있어서요. 생각나서 모아뒀는데 이 잡지 기사를 참고하면 좋지 않을까요?"라며 정보를 제공해주기도 한다.

최근에는 "지난번에 선배가 가보고 싶어하던 식당에 갔다 왔어요"라고 말하며, 내가 가보고 싶어했던 식당에 대하여 간단히 설명해주었다. 나는 흥미를 가지고 그가 먹은 음식의 맛과 분위기를 물었고, 간접적이지만 실감 나는 경험을 할 수 있었다.

이런 후배이기에 지금까지도 매우 절친한 선후배 사이로 지내고 있다. 나에 대한 관심을 넘어, 내 관심거리마저 적극적으로 실천해보는 후배의 모습은 강한 동질감을 불러일으킨다. 동질감만큼 사람 사이를 친밀하게 만드는 것도 없고, 대화에 생기를 불어

넣어 주는 것도 없다.

나보다 나이는 어리지만 늘 관심을 가져주고 배려하는 모습은 내가 본받고 싶어하는 모습이다.

배려는 기쁨을 두 배로 만든다

아주 오랜만에 보고 싶은 친구로부터 연락이 오거나, 내가 연락을 하게 되는 경우가 종종 있다. 특히 나이가 들면 들수록 어릴 적 친구들이 그리워지고 그 친구들과 만나면 마치 그 시절로 돌아간 듯한 느낌도 들어 행동도 기분도 젊어지고, 마음도 즐겁다.

그러나 오랜만에 만났는데, 그냥 술만 마시고 시끄럽게 떠들기만 하기에는 그 오랜 그리움이 아쉽기만 하다. 특히, 여럿이 만나는 경우에는 끊임없이 화제가 이어져서 좋지만, 한두 명이 만나는 경우에는 자칫하면 서먹해질 수도 있다. 그래서 난 오랜만에 친구를 만날 경우 꼭 사전에 '추억거리'를 준비한다.

예를 들어, 어떤 친구와 오랜만에 만날 약속이 정해지면 예전에 찍은 사진첩을 한번 살펴본다. 사진을 보면 그 당시의 일들이 더욱 생생하게 기억나 추억에 빠져들기도 하고, 만나서 하고 싶은 이야기들이 떠오르기도 한다. 그리고는 친구가 찍혀 있는 사진을 사진관에 가서 복제해 간다. 그 사진을 본 친구들은 놀라움과 기쁨을 감추지 못하고, 옛추억을 무궁무진하게 끌어내며 웃음꽃을 피우게 된다. 물론 그 사진을 친구에게 주는 것도 잊지 않는다. 친구는 집에 가서도 가족에게 사진을 보여주면서 다시 한 번 추억에 젖을 것이며, 훗날 우연히 자신의 사진첩에서 그 사진을 발견하면 또 한 번 나를 떠올리며 추억의 기쁨을 느끼게 될 것이다. 배려는 이렇듯 기쁨을 더욱 크게 만드는 힘이 있다.

배려는 강한 인상을 만든다

30년 전쯤 당시 여러 회사와 함께 진행하던 프로젝트가 있어 관련된 사람들과 밤늦게 술을 마셔야 했다. 술을 먹으면서도 나는 다음 날 출장으로 일찍 비행기를 타야 했기 때문에 몹시 부담스러웠다. 당시에 난 혼자 생활했었고, 술 먹은 다음 날은 평소와는 달리 자명종 소리를 잘 듣지 못해 제시간에 일어나기 힘들었기 때문이다. 정확하지는 않지만 내가 술자리에서 이런 걱정을 했던 것 같다. 그 자리에는 N사의 프로그래머인 L씨도 있었다. 술자리를 마치고 가려는데, 그가 작별 인사를 하며 한 마디 덧붙였다. "내일 걱정은 하지 말아요. 제가 모닝콜을 해드리죠." 그는

겨우 두 번째 만나는 사람으로 아직 친분이 많이 있는 상태는 아니었기에, 나는 인사치레로 가볍게 생각하며 최대한 빨리 잠을 청했다.

그런데 고맙게도 다음 날 난 허둥대지 않고 여유롭게 비행기에 몸을 실을 수 있었다. 그가 잊지 않고 모닝콜을 해주었을 뿐 아니라, 몇 마디 안부로 잠이 완전히 달아나게 해주었기 때문이다. 그날의 배려로 L씨는 나에게 섬세하고 배려심 있는 사람으로 강한 인상을 남기게 되었다. 다시 프로젝트로 많은 사람이 모였을 때 그는 내게 제일 친숙하고 고마운 사람으로 자리매김하고 있었다.

나는 요즘 그에게 배운 모닝콜을 빨리 친해지고 싶은 사람들에게 종종 써보곤 한다. 그 방법은 한 번도 나를 실망시키지 않고 상대방에게 나를 강하게 인식시키는 효과가 있다.

배려는 당신을 유능한 사람으로 보이게 한다

내게는 특별히 아끼는 부하직원 K가 있다. 그가 내 눈에 들어온 것은 아주 간단한 메모들 때문이었다.

보통 부하직원들은 상사에게 일이 예정대로 되지 않거나, 이상한 방향으로 흘러가는 경우에만 주로 업무 보고를 한다. 그래서 상사들은 특별한 일이 없으면 예정대로 일이 잘 진행되고 있다고 생각한다. 그러면서도 마음 한편으로는 일이 어떻게 돌아가고 있는지 궁금한 경우가 많다. 특히 중요한 일일수록 더욱 그러하다. 잘 진행되고 있는 일을 매번 물어보기도 뭐하고 또 매번 보고받기도 뭐해 참고 기다리는 경우가 많다.

막연히 기다려야 하는 상사의 마음을 읽기라도 한 듯 K는 같이 담배를 피우는 동안이나 회식을 할 때면, 일이 별문제 없이 진행되고 있음을 간단하게 보고해주곤 했다. 또한 내가 바쁘거나 출장 등으로 자리를 비울 경우에는 간단한 메모를 써서 책상 위에 올려놓기도 한다. 책상 위에 각종 서류가 흐트러져 있을 때는 의자 위에 놓아준다.

뭔가 문제가 있는 경우에는 당연히 얼굴을 맞대고 보고해야 하지만, 굳이 얼굴을 맞댈 필요가 없는 것들은 이렇게 간단한 방법으로 적절히 보고해주는 센스를 갖춘 그를 나는 강하게 신임하기 시작했다. 그가 하는 행동 하나하나가 꼼꼼하고 믿음직스러워 보이는 것을 나는 애써 편견이라 말하고 싶지 않다.

배려는 리더의 자질을 만든다

탁월한 인간관계와 리더십으로 우리에게 가장 잘 알려진 루스벨트 대통령은 바쁜 업무 중에도 주변의 한 사람 한 사람에게까지 관심을 보이는 '세심한 배려자'로 잘 알려져 있다. 루스벨트가 얼마나 주변 사람에게 친절과 호의를 베풀었는지에 대한 일화는 일일이 다 소개하기가 어려울 만큼 많다. 그는 그의 업무에 관련된 직원들뿐 아니라 집이나 백악관에서 가사일이나 내부관리 일을 하는 사람, 가벼운 안면이 있는 사람들에게까지도 이름을 불러주고 관심을 나타내는 등 섬세한 배려를 아끼지 않았다.

일례로, 루스벨트는 그의 요리사 제임스 에모스가 한 음식이 얼마나 맛있는지를 일일이 칭찬해주었을 뿐 아니라, 요리사의 부인이 대화 중에 딱따구리가 어떻게 생겼는지 몰라서 물었을 때조차, 루스벨트는 딱따구리의 생김새에서부터 어떤 부류의 새라는 것까지 상세히 설명해주었다. 심지어 자신이 딱따구리를 발견했을 때, 요리사의 부인에게 일부러 전화를 걸어서 딱따구리를 보라고 알려주는 성의까지 보였다고 한다.

이렇듯, 지위의 고하를 막론하고 누구에게나 자상한 관심과 배려를 아끼지 않았기 때문에 많은 사람들은 진심을 다해 그를 존경하고 따랐던 것이다. 항상 무언가를 바라는 마음에서가 아니라, 순수한 관심을 가지고 사람들에게 다가가는 대통령의 부드러운 배려가 강한 리더십의 원천이 되었음을 부정할 수 없을 것이다.

배려는 '나'를 높여준다

내 친구 중에 유독 가는 곳마다 대접을 받는 친구가 한 명 있다. 골프장을 가더라도 캐디들이 다른 사람들보다 그를 더 신경 써서 챙겨주고, 더욱 정중하게 대한다는 느낌을 지울 수 없다.

바를 가거나 특정 레스토랑을 가더라도 그는 가장 친절한 인사와 각별한 배려를 받는다. 내가 보기에는 그가 돈이 많아 보이거나 호남형의 얼굴도 아닌데, 유독 그만 VIP 대접을 받는다는 인상을 받았다.

어느 날 그 비결이 하도 궁금해서 "도대체 돈을 얼마나 뿌리고 다니는 거야?" 하고 농담조로 물었다. 그러자 그는 그저 편하게 있다 가는 것뿐이라고 했다. 단지 다른 점이 있다면 그는 좀 더 상대를 배려하는 차원에서 이름을 굳이 불러준다는 것이었다. 그렇게 하면 쉽게 친근감을 느껴 서로 더 많이 눈빛으로 대화를 하는 느낌이라고 했다. 그래서 다음에 방문하더라도 자신을 금방 기억해주고 그것이 반복되면서 그들이 자신을 더욱 친절하게 대해준다는 것이다. 실제로 그의 옆에서 지켜보니 그는 항상 이름을 불렀다.

일류 호텔에서 종업원들에게 고객들의 이름을 부르도록 하는 것을 생각해보면 납득이 가는 일이다. 때와 장소에 따라서 자신을 막연한 호칭이 아닌 정중하게 이름으로 불러준다면, 우리는 존중받는다는 인상을 받는다. 이렇듯 자신을 존중해주는 사람에게 저절로 마음이 가는 것은 당연한 것이며, 자연히 그를 높여주고 싶은 마음이 들게 된다.

배려는 물질을 대신한다

선물을 주고도 또 주고 싶은 사람들이 있다. 평소 내게 많은 도움을 주거나 관심을 준 사람들이면 당연히 그런 마음이 들 것이다. 하지만 꼭 나에게 많은 도움을 주지 않았더라도 선물을 또 주고 싶은 마음이 들게 하는 사람들이 있다.

학창시절 여자 후배에게 작은 다이어리를 하나 선물한 적이 있다. 그 후로 종종 후배를 만나면 그녀는 무척이나 그 다이어리를 애지중지하며 예쁘게 꾸미고, 자신이 그 다이어리를 얼마나 좋아하고 아끼는지를 말해주는 것이었다. 후배의 그런 모습을 볼 때면 다이어리를 트럭째로 사다 주고 싶다는 생각이 들었다.

비슷한 경우로, 명절 때면 꼭 선물을 챙겨주고 싶은 예전 직장 선배가 있다. 선배는 내가 같은 직장에 있을 때 선물했던 넥타이를 10년째 아끼며 매고 다닌다. 또한, 그의 집에 가면 아직도 내가 사주었던 난초가 아주 좋은 자리에 모셔져 있고 작년 망년회 때는 내가 선물한 목도리를 하고 나왔다. 그는 특별히 많은 말로 표현하진 않지만 내 선물을 매우 아끼고 기뻐한다는 것을 느끼게 한다. 그는 내게 '선물을 주는 기쁨'을 선물하고 있는 것이다. 나는 그를 만나고 깨닫게 되었다. 선물을 받을 때 많이 기뻐하고 즐겁게 사용하는 것이, 그가 조심스레 나에게 보여주는 배려라는 것을…….

그의 마음 씀씀이가 곧 나에게 주는 선물인 것이다.

배려는 사람을 끌어모은다

강남의 유명한 H병원은 주변의 여러 성형외과를 제치고 늘 상담하러 오는 고객들로 북적인다. 주변의 성형외과 의사들은 H병원이 역세권도 아니고 인테리어도 그리 뛰어난 편이 아니라서 고객이 많은 것을 의아하게 생각했지만, 원장 P박사에게는 그만의 특별한 노하우가 있었다. P박사는 치료하기 전 자신의 고객에게 최대한 원하는 얼굴이 될 수 있음을 충분히 안심시키고 좋은 상상만 하도록 편안한 사진 영상을 준비한다. 고객이 충분히 안심이 되고 편안함을 느끼게 되면 슈베르트나 모차르트의 클래식 교향곡을 틀어주고 마취를 한다. 그리고는 "아름다운 음악 감상만 하세요"라는 말로 고객의 마음을 '수술실'이 아닌 '음악회'로 편안하게 옮겨 놓는 것이다.

아름다운 선율로 이어진 음악의 멜로디를 따라 마취에서 깨어난 고객들은 대부분 기분 좋게 깨어나기 때문에 자신의 변화된 모습이 만족스러울 거라 여기며 긍정적으로 생각한다. 따라서 긍정적인 심리 상태로 만족스러운 얼굴이 되어 자신감을 갖게 된 고객들의 입소문으로 H병원은 찾는 고객들이 많아진 것이다.

단지 외모를 바꾸는 데만 신경 쓰는 것이 아니라, 고객의 불안함을 어루만져주며 편안한 마음으로 수술받을 수 있게 세심한 배려를 아끼지 않는 P박사로 인해 H병원은 고객들이 꼬리에 꼬리를 물고 몰리는 병원이 된 것이다.

배려는 긴장을 풀어준다

학교를 졸업하고 사회에 첫발을 내디딘 사람이든, 다른 직장에서 일을 한 경험이 있는 사람이든, 새로 회사에 입사한 사람은 누구나 처음에는 긴장하게 된다. 이 회사는 어떤 회사인지, 상사는 어떤 사람인지 파악이 되지 않았고, 환경 또한 낯설다. 그렇기 때문에 다음에 어떤 행동을 취해야 할지 몰라서 긴장하는 것이다.

이럴 때 배려심이 있는 사람은 상대방에게 직장에 대한 것이든 사람들에 대한 것이든 '정보'를 제공해주려고 노력한다.

그들은 "반갑습니다. 우리 부장님이 술을 너무 좋아하긴 하지만 좋은 분입니다. 좋은 부서로 오신 겁니다"라는 식으로 정보와 함께 인사를 건네거나, 한 발 더 나아가 "반갑습니다. 우리 부서 사람들은 다들 다리가 짧아서 그런지 천천히 가는 걸 좋아합니다. 긴장 푸시고 여유 있게 가자고요"라는 식으로 유머를 얹어 말을 건넨다.

그렇게 함으로써 상대방이 하루라도 빨리 부서 분위기를 파악하고, 낯선 환경에서 오는 긴장감도 풀 수 있기 때문이다.

또한 인사 뒤에 붙이는 한 마디는 대화를 시도하려고 한다는 모습을 보여주는 것으로, 상대방을 즐거운 마음으로 받아들이고 있음을 전해준다.

배려하는 마음이 상대의 긴장을 풀어주고, 상대가 쉽게 적응하도록 도와주는 것이다.

배려는 마음의 문을 연다

내 직장 동기 중에 '사당동 일벌레'로 통하는 친구가 있었다. 그에게서 일을 뺏어버리면 아무것도 남지 않을 정도로 일에만 전념하는 친구였다. 인간관계도 거래처 사람이나 사내 사람뿐이고, 그나마도 모두 형식적인 관계뿐이었다. 취미가 '일'이라고 할 정도로 아무 취미도 없고, 일에 관해서는 부하는 물론 상사와 자기 자신에게도 엄한 태도를 유지하는 사람이었다. 그러니 나를 비롯해 직장 동료들 모두 그와는 쉽게 가까워질 수 없었다.

그렇게 돌부처만 같던 그와 절친한 사이가 된 것은 야근을 하면서다. 같이 야근을 하면서 딱히 할 얘기도 없고 해서 그의 가족에 대해 물었더니 그가 바로 돌변해버리는 것이었다. 특히, 애들에 관해 "몇 학년이 됐냐?" "아직까지 바이올린하고 있지?" 등을 묻자 일로만 대화하던 우리가 보통 친구처럼 사소하고 정겨운 얘기로 접어들게 되었다. 일밖에 모르고 가족을 전혀 돌보지 않을 것처럼 보이는 사람에게조차도 가족은 제일 중요하다.

그런 사람들은 소중한 가족의 생계를 위해 열심히 일하는 것뿐이다. 쉽게 말을 걸기 힘든 사람, 주변에 관심이 별로 없는 사람들을 만나면 그가 사랑하는 가족에 대해 관심을 가져보자. 그것이 그들의 관심거리에 초점을 맞추어주는 배려이며, 마음의 문을 여는 열쇠이다.

배려는 오해를 풀어준다

사람이란 자기 잔치에 사람들이 많이 모여서 축하해주기를 은근히 바란다. 게다가 미리 연락을 해놓기 때문에 친분이 깊은 사람들은 꼭 와줄 거라 믿고, 기다리게 된다. 그러나 애석하게도 참석을 못 하는 경우가 생긴다. 보통 사람들은 뒤늦게 연락을 취해 아무 연락 없이 오지 못한 사정을 이야기하며 양해를 구하기 마련인데, 그런 경우에도 상대방이 어떻게 표현하느냐에 따라 쉽게 서운함이 풀어지기도 하고 더욱 오해를 사기도 한다.

어떤 사람들은 뻔히 미리 연락을 받아 알고 있었는데도 "소식을 늦게 접했다"는 둥의 어색한 거짓말이나, "가려고 했는데 장소를 몰랐다" "날짜를 착각했다"는 둥의 무성의한 변명을 늘어놓고 "꼭 가봐야 했는데……"로 마무리를 짓는다. 이런 태도는 참석하는 것을 마치 의무처럼 생각하고 있다는 느낌을 줘서 서운함이 속상함으로 바뀌게 된다. 반면 애써 변명을 하지 않더라도 "그 일이 아니었어도 꼭 한번 보고 싶었다" "꼭 참석하고 싶었다"며 진심 어린 태도로 자신의 바람을 전해주는 사람에게는 아쉬웠던 마음이 눈 녹듯 풀어진다. 의무가 아닌 바람으로 다가가 주는 것이 배려이며, 그런 사람에게는 쉽게 오해도 풀리고 고마움까지 느끼게 되는 것이다. 말 한 마디로 천냥빚을 갚고, 사려 깊은 말로 오해를 푸는 것과 같다.

배려는 상처를 감싸준다

신문에서 휠체어를 이용해야 하는 장애인의 사연을 읽은 적이 있다.

그는 가끔 외출을 하게 될 때마다 택시를 이용해야 하는데, 그럴 때마다 미안한 마음을 금할 수가 없다고 한다. 휠체어를 차 트렁크에 싣고 내리게 하는 번거로움과 시간의 허비로 기사들에게 손해를 끼치기 때문이다. 그래도 병원에 가야 할 때는 어쩔 도리가 없다. 때로는 밥 먹으러 간다며 슬그머니 지나쳐버리는 택시도 있고, 두 배를 주겠다는 표시를 해야 서는 택시도 있지만,

다행히 대부분의 택시들은 휠체어 앞에 서주는 일에 인색하지 않다고 한다.

그러나 택시들 대부분이 뒤 트렁크에 LPG 가스통을 부착하고 다녀서, 트렁크에 휠체어를 실으면 트렁크를 노끈으로 묶어야 했다. 그래서 그는 항상 빨간 노끈을 준비하고 다닌다고 한다.

그날도 준비한 빨간 노끈을 택시기사에게 내밀었다. 그러자 기사아저씨는 허허 웃으며 자신이 준비해 갖고 다니는 튼튼한 밧줄을 꺼내 트렁크 문을 묶는 것이었다. 그리고는 연락처가 적힌 명함을 그에게 건네주며 "장애인들에게 운전봉사를 하고 있어요. 이렇게 외출할 일이 있으면 차 세우느라 고생하지 말고, 나에게 연락하면 집 앞까지 꼭 찾아갈게요" 하며 밝게 웃어주었다고 한다. 그는 그 순간, 지나쳐 가버리는 택시들 때문에 마음에 남았던 상처들이 아물어버리는 따뜻한 느낌을 받았다고 말했다.

우리의 작은 배려가 누군가의 상처를 달래줄 수도 있다.

배려는 행복한 사람을 만든다

행복하게 되는 길은
다른 사람들을 그렇게 만드는 것이다.

· 로버트 잉어졸 ·

배려하는 사람은 행복을 아는 사람이다

나는 짝수 달 첫째 주 휴일을 '여왕 폐하의 날'로 정하고 있다.

그날은 아침 일찍 일어나 아내 대신에 내가 아침을 준비한다. 서툰 요리 솜씨를 만회하기 위해 초기에는 요리책을 많이 참고 하기도 했지만, 지금은 제법 익숙해져 웬만한 음식은 눈 감고도 할 수 있게 됐다. 어찌 보면 편히 쉬어야 하는 휴일에 아침 일 찍 일어나는 것은 피곤한 일이 아닐 수 없다. 그런데도 이상하 게 여왕 폐하의 날이 되기 하루 이틀 전이면, 나는 들뜬 마음으로 그날을 기다린다. 그날은 세끼 식사는 물론 아내가 원하는 것이면 무엇이든지 들어줘야 한다. 안마, 청소, 심부름, 심지어 아부까지 가리지 않고 하는데도 나는 그 모든 것이 즐겁고 뿌듯하기까지 하다.

한 사람이 사랑하는 사람을 위해 무엇인가를 한다는 것, 또는 베풀 수 있다는 것, 그 자체를 나는 즐겁고 가슴 벅찬 일로 생각한다.

우리는 이상하게 자신에게 실익이 없어도, 자신이 다른 사람들이나 사회에 도움이 되었을 때 행복을 느낀다. 나와 상관있는 사람이 아니더라도, 길에서 무거운 짐을 든 할머니를 도와주고 스스로 대견해 한다거나, 길을 묻는 사람에게 성실히 길 안내를 해주고 나서 뿌듯한 마음이 생기는 것을 보면 알 수 있다.

단순히 생각하면 이해가 가지 않지만 우리의 내면에는 이렇듯 실익을 뛰어넘는 '무언가'에 대한 욕구가 있다고 봐야 한다.

그것이 자기 가치를 높이려는 욕구이건, 이타심의 발로이건 간에 우리는 그런 순간이야말로 살아 있다는 느낌을 확실히 가질 수 있다.

"다른 사람에게 베푸는 기쁨에 비례해 자신의 기쁨이 쌓이게 된다. 친절한 말을 하는 데 드는 힘이나 불친절한 말을 하는 데

드는 힘은 같다. 친절한 말은 그 말을 하는 사람뿐 아니라 듣는 사람에게도 친절한 행동을 불러일으킨다. 그리고 이것은 우발적이 아니라 습관적인 것으로……. 자선 행위가 상대에게 이익을 주지 못할 수도 있다. 하지만 자선을 베푼 이에게는 틀림없이 이익이 될 것이다"라고 말한 벤담의 말은 이런 점을 잘 설명하고 있다.

배려하는 사람은 늘 환영받는 사람이다

사람들은 보통 자신을 잘 챙겨주고 염려해주는 사람에게 더 정을 주고 친근함을 느끼게 된다. 또한 늘 자신을 주인공처럼 먼저 생각해주고 다른 사람의 입장에서 불편함 없이 대해주는 사람을 옆에 두고 싶어한다. 그래서 배려하는 사람들은 어디를 가나 인정이 많은 사람, 만나면 기분 좋은 사람으로 통하고, 사람들의 인기를 한 몸에 받기도 한다. 많은 사람들이 배려하는 사람과 함께하고 싶어하기 때문에 가는 곳마다 늘 환영받는 즐거운 시간을 보내게 되는 것이다.

『행복의 정복』의 저자 버트런드 러셀 또한 '행복한 사람'에 대해 다음과 같이 이야기하고 있다.

"행복한 사람은 자유로운 애정과 넓은 관심을 가진 사람이고, 이러한 사랑과 관심을 통해, 다음에는 그의 사랑과 관심이 다른 많은 사람들의 사랑과 관심의 대상이 된다는 사실로 인해서 행복을 얻는 사람이다. 사랑을 받는다는 것은 행복의 큰 원인이 된다. 그러나 사랑을 요구하는 사람은 사랑을 못 믿는다. 넓게 말하자면, 사랑을 받는 사람은 사랑을 주는 사람이다."

러셀의 말처럼 우리가 행복하고자 한다면, 더욱 사랑을 주어야 하는 것이다. 즉, 우리가 행복해지고 싶다면 먼저 다른 사람들에게 따뜻한 관심과 애정을, 정성 어린 배려를 베풀어야 하는 것이다.

배려하는 사람은 스스로 행복한 사람이다

불행한 사람은 자기 연민이 많다. 무엇이든 남과 자신을 비교하고 자신의 부족함을 찾아내서 괴로워하는 것이다. 그들의 자기 연민은 어디서나 주목받고 싶은 숨은 욕구 때문이라고 한다. 어디서나 잘 보이려고 하고, 주인공이 되고 싶은 욕구가 강하지만, 사람들이 그것을 쉽게 알아주고 허락해주지 않기 때문에 자기 연민을 느끼게 된다는 것이다. 어디서나 주인공일 수 없는 자신의

모습에 집착해 열등감을 가지게 되고, 자신의 존재를 계속 부정
하면서 불행한 삶을 사는 것이다.

반면 배려가 습관이 된 사람은 정반대의 삶을 산다. 그들은 상
대를 배려하고 상대방을 늘 주인공으로 만들어주려 하기 때문에
자신이 돋보이지 못해서 생기는 불만이란 없다. 또한 배려하는
습관으로 인해 늘 상대에게 관심의 초점이 놓여 있어 자기를 비
하할 시간도 없다. 그들은 사람들의 관심을 받지 않아도 스스로
행복한 사람인 것이다.

푸블릴리우스 시루스는 "진정으로 행복한 사람은 남들이 보기에 행복한 사람이 아니라 자신이 보기에 행복한 사람이다"라고 했다. 항상 주변 사람과 사물에 관심과 애정이 많기 때문에, 언제나 애정이 담긴 환경 속에서 살아가는 것이다. 늘 즐거운 것과 마주하는 그들은 행복하지 않으려야 행복하지 않을 수 없는 사람이다.

또한 배려하는 사람은 좀 더 배려를 잘하기 위해, 또는 사람들과의 마찰을 최소화하기 위해 늘 무언가 더 새롭고 좋은 방법을 찾아내는 사람이다. 사람들 사이에서 이왕이면 더 좋은 방법, 더 유쾌한 방법을 찾아 사람들을 대하기 때문에, 그런 생활이 습관화되면 자신에게 부딪치는 여러 가지 삶의 문제에 대해서도 더 좋은 방법, 더 유쾌한 방법을 능숙하게 찾아낸다. 그들은 행복하려고 발버둥 치는 것이 아니라 지금 당장 행복을 실천하는 사람들이다.

4

배려는 성숙된 나를
만나게 한다

마음이 착하고 친절한 사람이
가장 하나님을 닮은 사람이다.

· 번즈 ·

배려는 나를 비추는 거울과 같다

우리가 배려에 익숙해지고 배려를 하는 데 있어 능동적이게 되면, 우리는 더 많이 상대방을 이해하게 되고, 상대와의 불협화음이 발생할 때 우리의 내면을 들여다보게 된다. 타인을 배려하려는 마음이 '자신의 어떤 점이 상대와의 불협화음을 만들어냈는지'를 반성하게 만드는 것이다. 이는 앞서 설명한 자기 연민과는 차원이 다른 것이다. 자신에게 집착해서 자기의 열등감을 찾기 위한 자기 관심이 아니라 타인을 배려하기 위해 자신의 개선점을

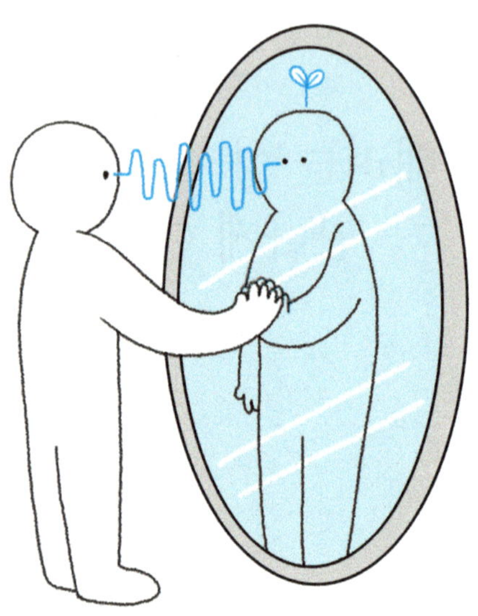

찾고, 진정한 자신과 상대방의 욕구를 이해하는 반성과 성찰을 시도하는 것이다.

또한 참된 배려를 한다는 것은 앞으로도 강조하겠지만, 자기 자신을 잘 읽어낼 수 있을 때 진실로 가능해진다. 상대의 욕구는 말로 드러나는 것도 있지만, 잘 표현되지 않는 것이 대부분이기 때문에 우리는 상대의 바람과 결핍 등을 자기 자신의 내면에 비추어 찾아내야 한다. 결국, 참된 배려를 한다는 것은 끊임없이 자신의 바람과 결핍 등을 읽어내야 하는 것이다.

배려는 성숙의 필요충분조건이다

배려하는 습관은 개인의 내적 성장에도 많은 도움이 된다.

프로이트의 수제자로 알려진 에릭 에릭슨은 인간의 자아가 8단계를 거쳐 점진적으로 성장한다고 전제하면서, 각 단계마다 주어지는 특유의 과제와 위기를 성공적으로 해결했을 때 성격 발달과 자아 성장이 이루어진다고 주장했다.

그는 20세에서 40세까지의 '성인 초기'에 해당하는 6단계를 '친밀성 대 고립감'으로 정의하고, 이 시기의 가장 중요한 과제는 부모, 동료, 배우자 등과 좋은 인간관계를 발전시켜 친밀감을 형성하는 것이라고 소개하고 있다. 이 단계에서 친밀감을 성공적으로 형성하면 사람들에 대한 애정이 생기지만, 그렇지 못할 경우 타인에 대한 두려움과 고립감이 생기며 심각한 경우 반사회적인 사람이 된다고 한다.

배려는 상대방에게 관심을 가지고 염려해주고 신경을 써주는 것이기에, 배려를 받는 사람들은 고마워하며 친밀한 정을 나누려 한다. 이렇게 서로의 정이 오가면서 자연스럽게 친밀감이 형성되고, 타인에 대한 애정도 갖게 되는 것이다. 결국 성인 초기 단계의 친밀감은 배려를 통해 안정적으로 형성할 수가 있다. 그렇기

8 노년기

제8단계 통합성 대 절망감

지금까지의 인생에 만족하면 생의 유한성도 수용하지만,
그렇지 않으면 공허함과 초조함을 느끼며 절망감을 느낀다.

7 성인 중기

제7단계 생산성 대 침체감

자신에게 몰두하기보다는 자녀와 직업을 통해 생산적인 활동에
참여하는데, 만일 그렇지 못하면 사회심리적으로 침체된다.

6 성인 초기

제6단계 친밀성 대 고립감

부모, 배우자, 동료 등과 좋은 인간관계를 발전시키면 친밀감을
갖게 되지만, 그렇지 못하면 타인에 대한 두려움과 고립감이 생긴다.

5 청년기

제5단계 자아 정체감 대 역할 혼미

정서적 안정과 좋은 성 역할의 모델이 있으면 자신에 대한 통찰과
자아 정체감을 갖게 되지만, 그렇지 않으면 직업 선택이나 성 역할,
가치관의 확립에 있어 심한 갈등을 야기시킨다.

4 6~11세

제4단계 근면성 대 열등감

무엇을 성취하도록 기회를 부여받으면 그 결과 근면성을 갖게 되지만,
비난이나 좌절감을 경험하면 열등감을 갖게 된다.

3 4~5세

제3단계 주도성 대 죄책감

주변 세계를 탐색할 수 있는 기회와 자유는 어린이의 주도성을
발달시키지만, 그렇지 않으면 자신의 행동에 죄책감을 갖게 된다.

2 2~3세

제2단계 친밀감 대 고립감

부모(특히 어머니)나 주위의 분별력 있는 도움과 격려는 자율성을 키우게
되지만, 과잉보호나 부적절한 도움은 자신의 능력을 의심하게 만든다.

1 출생~생후 1년

제1단계 신뢰감 대 불신감

부모나 주위 세계의 일관성 있는 지지를 받으면 신뢰감을 얻을 수 있지만,
주위의 보호가 부적절하면 불신감을 갖게 된다.

| 에릭 에릭슨의 인성발달 단계 |

때문에 배려에 익숙한 사람들이 고립감이나 타인에 대한 두려움의 늪에 빠진다는 것은 좀처럼 상상하기 어렵다.

40세에서 65세까지의 제7단계 '성인 중기'는 '생산성 대 침체감'으로 불리는 배려 지향의 시기이다. 이때는 이미 몸은 충분히 성숙해 하향 곡선을 그리고 있어서, 사람은 새로운 '또 하나의 생성'을 의미하는 생산 활동에서 자신의 의미를 찾으려고 한다. 결국 자신에게 몰두하는 것이 아니라, 자녀의 원활한 성장을 돕고 직업 세계에서 생산성을 발휘하기 위해 노력하게 되고, 배려의 필요성을 강하게 느끼게 된다. 이러한 새로운 생성에 성취를 느끼면 자아는 성숙하고 다음 단계를 향해 나아가지만, 실패하게 되면 자기도취에 빠지거나 타인에 대한 관심을 잃고 인생에 대한 허무함과 절망을 느끼게 된다. 에릭슨은 이를 '침체' 또는 '침체감'이라고 표현한 것이다.

배려란 이렇듯 성숙의 단계에 있어서 하나의 필연적인 것으로 간주된다. 가정과 직장, 사회에서 배려가 완전히 결여된다면 '또 하나의 생성'을 기대하기란 어렵기 때문이다. 그렇기에 배려에 익숙해진다는 것은 이미 성숙을 향해 각 단계를 수행할 능력을 갖추어가고 있는 것이라 할 수 있다.

5

배려는 인격이 입는 옷이다

인격은 사람의 마음을 지배한다

1798년 워싱턴은 공직에서 물러나 노년을 즐기고 있었다. 애덤스 대통령은 프랑스가 미국에 전쟁을 선포할 조짐을 보이자 그에게 편지를 썼다.

"당신의 이름을 빌리고 싶습니다. 당신의 이름을 빌릴 수 있다면 그것은 대군을 얻는 것보다 더 큰 힘을 발휘할 것입니다."

이에 워싱턴이 최고 사령관직을 다시 수락한다는 뜻을 밝히자 마치 병력이 두 배로 증강된 것처럼 미군의 사기가 바짝 올라갔다고 한다.

이는 워싱턴이 미국 국민에게 가진 영향력이 얼마나 컸는지를 보여주는 일화다. 동시에 한 사람의 인격이 여러 사람들에게 미치는 영향이 어느 정도인지를 보여준다. 당시 워싱턴은 청렴하고 고귀한 인품으로 미국에서 가장 존경받는 인물이었기 때문이다.

리히터 또한 "루터가 말하면 이미 반은 성사된 것이다"라는 말로 '루터'라는 개인의 인격이 독일 국가에 미친 영향력을 표현하기도 했다.

이런 인격이 가진 힘은 그 크기를 가늠하기 어려울 만큼 크다. 그것은 단순히 부나 권력을 뛰어넘는 힘이라고 할 수 있을 것이다. 이와 관련하여 인격 또는 한 개인이 가지는 이미지에 대한 재미있는 실험이 있다.

심리학자 로지는 다음과 같은 메시지를 피험자들에게 전했다.

'나는 약간의 반란은 좋은 것이며, 자연계의 폭풍처럼 정치계에도 필요하다는 것을 인정한다.'

한 집단의 피험자들에게는 이 메시지를 전할 때 그 말이 '토머스 제퍼슨'의 말이라고 했고, 다른 집단의 피험자들에게는 '레닌'이 한 말이라고 전했다. 그리고 피험자들에게 메시지에 동의하는지 여부를 물었다.

실험 결과는 토머스 제퍼슨의 말이라고 들은 피험자들은 그 말에 동의한다고 했지만, 레닌의 말이라고 들은 피험자들은 동의하지 않는다고 답했다.

이는 미국 대학생들이 '레닌'의 말이라고 전달받았을 때, '레닌'이라는 인간에 대해 가지고 있던 부정적 감정이 그대로 이 실험에서 드러난 것이다. 반면 '제퍼슨'의 말이라고 전달받은 집단의 사람들은 '제퍼슨' 자체에 대해 가지고 있던 긍정적 감정이 연합되어 메시지를 보다 더 긍정적으로 만들었다는 것을 볼 수 있었다. 같은 내용이라도 누가 말하느냐에 따라 그 효과가 분명하게 차이가 남을 보여주는 실험이다.

결국, 우리에게 전해지는 메시지를 판단하는 데 있어 가장 중요한 것은 메시지의 내용보다 메시지를 전하는 사람, 그 자체라는 것이다. 그러니 한 개인에게 높은 인격이 더해진다면 그 힘이 얼마나 크게 작용할지는 깊이 생각해보지 않아도 알 수 있다.

뒤집어 생각해보면, 당신이 주위로부터 늘 좋은 평가를 받고 있다면, 특히 훌륭한 인품으로 평가받고 있다면 당신의 말과 행동이 긍정적으로 전달되어 많은 일들을 좀 더 수월하게, 좀 더 훌륭하게 성공시킬 수 있을 것이다.

인격의 힘은 배려의 힘이다

인격은 우리가 상상할 수 없을 만큼의 가치가 있다. 그렇다면 그러한 인격을 갖추기 위해 가장 필요한 것은 무엇일까?

지금 당신이 인품이 높은 한 유명한 정치인을 만나고 있다고 상상해보자.

그런데 그가 인사를 나누면서 악수를 할 때 시선을 다른 데 두어서 인사를 하는 둥 마는 둥 하거나, 대화를 나눌 때 상대방은 생각하지도 않은 채 자기의 관심 분야만 열심히 얘기한다면 어떨까? 또 함께 일을 하는데 당신이 난처한 상황에 빠져 어쩔 줄 모르고 있을 때 본인과는 상관없다는 듯 뒤에서 팔짱만 끼고 있다거나, 지하철에서 힘겨워하는 할머니를 보고 열심히 자는 척을 하고 있는 모습을 목격하게 된다면, 우리는 그 사람에게 주어진 평가에 대해 의심의 눈초리를 던질 것이 분명하다.

이렇듯 인격은 그가 가진 권력이나 재력과는 직접적인 연관성이 없다. 오히려 인격은 그의 말과 행동 모든 것에 비추어 그 주변 사람들과의 관계 속에서 평가되는 것이다. 이런 면에서 새뮤얼 스마일스는 인격과 배려와의 관계를 다음과 같이 설명하고 있다.

"사실 작가, 연설가 혹은 정치가로서 한 사람이 보여주는 공식적인 모습보다는 가장 가까운 사람들을 대하는 태도, 그리고 일상의 사소한 일들을 처리하는 방식을 통해 그 사람의 실질적인 인격을 이해하고 정확히 평가할 수 있다."

그의 말처럼 인격이 가장 잘 드러나는 것은 그 사람의 업적이나 외모가 아니라 그 사람이 매일매일 사람들을 대하는 자세이다. 아무리 그의 능력이나 겉모습이 훌륭하다 한들 그의 인품이 외부로 표현되지 않는다면 아무도 그를 인격자로 표현하지 않으며,

인격자인지 알 수도 없다. 그가 말하고 행동하는 것들이 그가 정말 훌륭한 사람인지, 고귀한 인품을 가졌는지를 말해주기 때문이다. 결국 그의 고운 품성을 그대로 드러내는 것은 그가 보여주는 배려 있는 말 한 마디, 섬세하게 보살펴주려는 행동, 자상한 관심과 격려밖에 없는 것이다. 또한 사람들은 그가 자신을 존중하고 배려해주었을 때, 그리고 그런 배려를 자주 접하게 됐을 때 그 사람에게 존경의 마음을 갖는다.

배려는 결국, 그 사람의 인격이나 품성을 밖으로 드러나게 하는 통로와 같은 역할을 한다. 배려는 인격이 입는 옷인 것이다.

작은 배려로 세워진 아스토리아 호텔

비바람이 몹시 몰아치던 어느 늦은 밤, 미국 필라델피아 호텔에 중년 부부 손님이 찾아왔다. 그러나 그날은 주말이라 예약 손님만으로도 방이 모두 찬 상태였다.

"손님 정말 죄송합니다. 오늘은 손님들께서 많이 오셔서 빈방이 없군요."

친절히 호텔 객실 상황을 설명하는 젊은이에게 중년 부부는 늦은 밤이라 어딜 가더라도 마찬가지일 거라며 난감한 표정을 지었다. 비에 젖은 외투며, 손에 든 여행용 가방이 더욱 무거워 보이는 중년 부부를 보자 이 젊은이는 "누추하지만 제가 쓰는 방이라도 괜찮으시다면 사용하셔도 됩니다"라고 공손히 말했다.

손님은 그 젊은이의 따뜻한 배려 덕에 그날 밤 편안히 잠을 청할 수 있었다.

다음 날 아침 중년 부부는 호텔을 떠나면서 작별 인사를 하는 젊은이에게, "당신은 참으로 친절하군요. 일급 호텔의 경영주가 될 수도 있겠어요" 하고 진심 어린 칭찬을 아끼지 않았다.

"아닙니다. 무슨 말씀을, 저는 다만 제가 할 일을 했을 뿐입니다. 다음에 또 오시면 그때는 꼭 좋은 방으로 모시겠습니다."

그로부터 2년 후, 그 청년은 생각지도 않은 한 통의 편지를 받게 되었다. 그 봉투 안에는 뉴욕행 비행기표도 함께 들어 있었다.

"나는 2년 전 비바람이 몹시 불던 날 밤, 아내와 같이 젊은이 방에서 자고 갔던 사람이오. 당신의 친절을 잊지 못해서 여기 뉴욕에 아주 멋지고 큰 호텔을 새로 지어놓고 당신을 기다리고 있으니, 부디 와서 이 호텔의 경영을 맡아주오. 뉴욕까지 오는 비행기표도 이 편지봉투에 함께 넣었소."

지금의 뉴욕 아스토리아 호텔은 이렇게 해서 세워졌다.

관 계 를   바 꾸 는   힘 · **배 려**

깊고 특별한 관계를 만드는 배려

CARING

자기에게 이로울 때만 남에게 친절하고
어질게 대하지 말라.
지혜로운 사람은 이해관계를 떠나서
누구에게나 친절하고 어진 마음으로 대한다.
왜냐하면 어진 마음 자체가 나에게
따스한 체온이 되기 때문이다.

— 파스칼

벗이 너에게 화를 내거든
너에게 친절을 베풀 기회를 만들어주어라.
그러면 그들의 마음은 풀리지 않을 수 없을 것이며,
다시 너를 사랑하게 될 것이다.

— 장 파울

사람들은 친절을 통해 서로를 이해하게 된다.

— 프랑스 속담

사람이 사람을 헤아릴 수 있는 것은 눈도 아니고,
지성도 아니거니와 오직 마음뿐이다.

— 마크 트웨인

고귀한 정신을 지닌 사람은
사랑을 얻기 위해서가 아니라
사랑하기 때문에 행동한다.

— 토머스 오버베리

내가 삶에서 발견한 최대 모순은,
상처 입을 각오로 사랑을 하면 상처는 없고
사랑만 깊어진다는 것이다.

— 마더 테레사

1

배려하는 사람은
마인드가 다르다

사람의 말과 행동은 그 사람이 가진 사고방식에서 나온다. 배려할 줄 아는 사람과 배려할 줄 모르는 사람의 차이도 결국은 사고방식의 차이에서 나오는 것이다. 배려할 줄 아는 사람에게는 당연한 것들이 배려할 줄 모르는 사람에게는 어색하고 생소한 것들이 많다. 심지어 정반대로 느끼는 경우도 흔하다. 그 둘의 차이는 인생을 긴 안목으로 보느냐, 당장의 이익이나 편리함에만 관심을 갖느냐에서 생긴다. 우리가 배려에 능숙해지고 싶다면 먼저 배려하는 사람들의 길고 진솔한 안목부터 배워야 할 것이다. 그들의 마인드를 익히는 것부터가 배려를 배우는 순서인 것이다.

무력한 배려는 없다
| 배려의 힘을 믿어라

배려를 생활화하기 위해서는 무엇보다 배려에 대한 신념이 있어야 한다. 배려를 실천하다 보면 몸에 배지 않아 어색하거나 귀찮기도 하고, 당장은 손해 볼 것 같은 마음에 쉽게 포기하거나 회피하기 때문이다.

그러므로 배려가 가진 여러 가지 힘을 늘 마음속에 상기시켜볼 필요가 있다. 또한 무엇이 진정한 행복인지 되새겨보고, 당장의 이익보다는 인생을 장기적인 안목으로 바라보려는 자세를 잃지 말아야 한다.

무엇보다 '인격은 가장 고결한 재산'이라고 한 새뮤얼 스마일스의 말을 마음에 담길 바란다. 인격이야말로 사람들이 가장 높고 긍정적으로 평가하는 재산이며, 사람들을 자발적으로 따르게 하는 힘이기 때문이다.

인격에 투자하는 사람들은 세속적인 의미의 부자는 되지 못하더라도, 존경과 행복이라는 응분의 보상을 받게 될 것이다. 그리고 배려의 말과 행동만이 그러한 인격을 밖으로 표현해줄 수 있다는 것을 잊지 말아야 한다. 배려가 없이는 결코 인격자로 보일 수 없다. 동시에 인격은 배려하는 생활 속에서 한층 더 고양되어 갈 것이다.

가식은 없다
| 무엇보다 진실하라

인간관계를 풍요롭게 하고자 노력하는 사람들이 범하기 쉬운 실수가 있다.

자기계발에 관련된 책들을 열심히 읽고 여러 가지 방법들을 실행에 옮겨보지만, 왠지 견고하고 끈끈한 인간관계가 만들어지지 않는 사람들이 그런 경우다. 그런 사람들은 배려를 실천해보기에 앞서, 먼저 자신을 돌아보아야 한다. 그들은 사람과 사람 사이에 가장 중요한 것을 놓치고 있기 때문이다. 그것은 바로 진실함이다. 그 누구도 가식을 달가워하지 않는다. 진실로 배려하려는 마음 없이 분위기상 마지못해 배려하는 척하거나, 상대방을 움직여보겠다는 속셈을 가지고 배려를 베풀거나, 무엇인가 보상을 바라고 하는 배려는 알게 모르게 상대방에게 가식으로 전해진다. 위선은 언젠가는 모습을 드러내게 마련이기 때문이다.

톨스토이는 "선한 마음 없이 진리가 전달될 수 없다"고 하면서 "위선보다 나쁜 것은 없다. 위선은 악보다 더 배척해야 한다"고 역설했다. 아무리 세련된 태도라도 가식이 진실한 마음을 대신할 수는 없는 것이다.

핑계와 회피는 없다
| 책임감으로 무장하라

배려를 한다고 여러 가지 호의를 베풀면서 정작 중요한 일에서 자신의 책임을 회피하거나 자신이 소속된 곳에서 공동의 목표에 대해 무관심하게 행동한다면, 그 행동들이 배려로 받아들여지기는 어렵다. 배려로 자신의 삶을 세련되게 가꾸어나가는 사람들은 주인정신과 책임감이 강하다. 당신도 여러 가지 호의를 베풀기 전에 먼저 책임감과 소속감으로 재무장하라. 그러면 사람들은 당신에게 깊은 신뢰를 보이고, 당신을 따르려 할 것이다.

유아독존은 없다

사회는 혼자서는 아무것도 할 수 없는 공생관계이다. 누구나 이 점을 잘 알고 있다. 그러나 많은 사람들이 자신 하나를 챙기는 것도 버거워한다. 그럴 때일수록 "다른 사람의 이익을 추구하는 과정에서 자신의 이익도 찾을 수 있다"는 플라톤의 말을 되새겨보자. 사람의 일이란 모두 사람으로 시작해서 사람으로 끝난다는 것을 알고 실천하다 보면, 의외로 일들이 쉽게 풀리는 것을 경험하게 될 것이다. 대부분의 성공한 사람들은 천성적으로 사람을 아낀다. 그들은 혼자만 잘살려고 하면 아무도 그들을 돕지 않는다는 것을 분명히 알고 있는 것이다.

기브 앤 테이크는 없다

우리는 흔히 상대방에게 무언가를 주면 준 만큼 받으려고 하는 심리가 발동한다. 내가 하나를 주었을 때 상대방도 하나를 주어야만 공평하다고 생각하기 때문이다. 그러나 분명히 말하지만 하나를 주고 하나를 받으려고 하는 사람은 대부분 실망 속에서 살아야 한다는 점을 기억하자.

우리가 10을 줄 때 상대방은 절대 10을 받았다고 생각하지 않는다. 우리의 관심은 '나'와 '나 이외의 것'으로 구분할 수 있다.

나에 관한 일이 관심의 50퍼센트를 차지한다면, 그 외 세상 모든 일들이 50퍼센트를 차지하는 것이다(그림 1). 게다가 우리 자신은 긍정적인 정체성을 유지하려 하기 때문에 될 수 있는 한 나의 영역에는 유리한 것, 긍정적인 것을 집어넣으려 한다. 타자는 항상 부정적인 이미지에 몰리고 소외되어버린다. 그래서 내가 준 것은 늘 50퍼센트로 기억되지만, 상대가 준 것은 늘 세상 모든 것 중의 일부인 작은 부분에 불과한 것으로 간주된다(그림 2). 또한 내가 입은 피해는 50퍼센트로 기억되지만, 남이 입은 피해는 남은 50퍼센트의 세상 모든 것 중의 일부분으로 간주되어버린다(그림 3). 그리고 내가 받은 도움은 타인이 준 것이므로 50퍼센트의 일부분으로 간주되고, 남에게 도움을 주면 내가 준 것이므로 50퍼센트를 다 차지한다(그림 2). 그러니 기브 앤 테이크는 결코 성립할 수 없다. 그래서 우리는 더 많이 주고 덜 바랄 때 균형을 잡을 수 있다. 그래야 실망하지 않고 만족한 삶을 영위해갈 수 있는 것이다.

나
세상 모든 것
나 이외의 것
긍정적
부정적

그림 1

상대방이 준 것
=내가 받은 도움
내가 준 것
=상대방이
받은 도움
세상 모든 것

그림 2

상대방이 입은 피해
내가 입은 피해
세상 모든 것

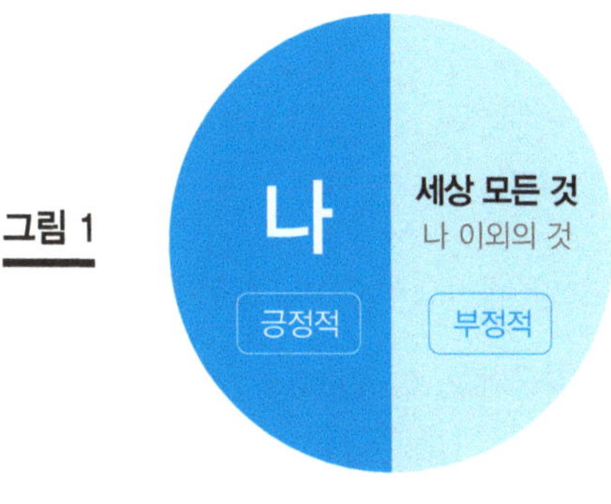

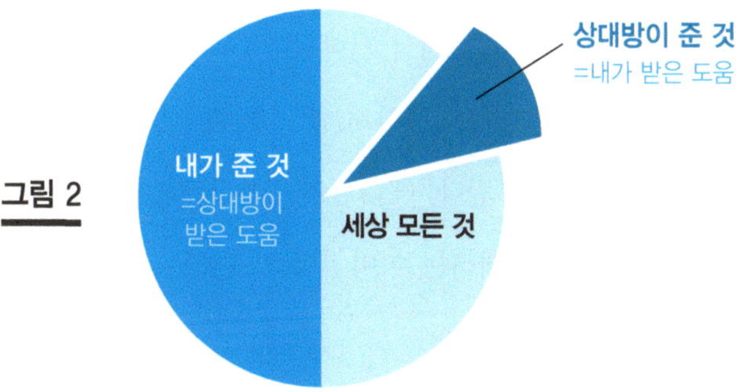

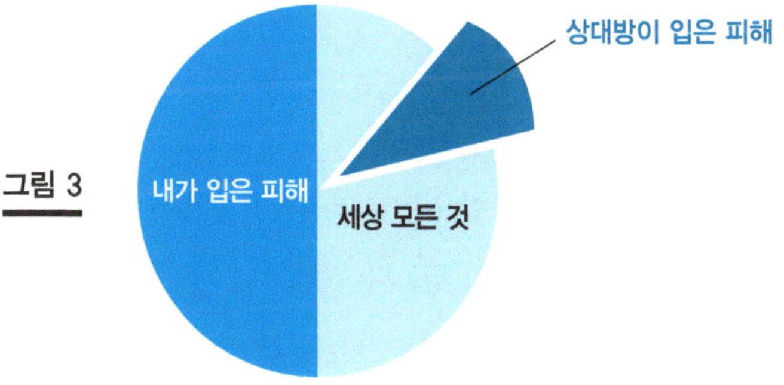

그림 3

똑같은 사람은 없다
| 서로가 다름을 인정하라

사람들은 각자 타고난 체질도 다르며, 자란 환경도 다르고, 욕구와 결핍도 다르다. 최근에는 성격유형을 연구하는 심리학 분야가 생겨나기도 했다. 그만큼 취향이나 가치관이 일치하기를 기대하는 것은 어려운 일이다. 보통 사람과 사람 사이의 갈등은 다른 것을 인정하지 않는 것에서 시작된다. 우리는 흔히 자기와 다른 경우, 그것을 차이로 인정하지 않고 나쁜 것으로 간주해버리기 때문에 갈등을 일으킨다. 배려심이 있는 사람들은 타인과의 차이를 인정하지 않는 배려는 이미 배려가 아닌 강요임을 분명히 알고 있다.

논리는 없다
| 인간은 감정의 동물이다

우리는 흔히 충분한 근거를 제시하면 사람들이 자신의 말을 모두 수용해줄 것이라고 믿는다. 논리적인 사람일수록 그런 확신이 강해 논리로만 설득하려고 한다. 심지어 자신의 논리를 수용하지

않으면 비논리적이라고 비난을 하기도 한다. 그들은 사물의 논리는 잘 파악할지 몰라도, 인간의 논리는 전혀 파악하지 못하고 있는 것이나 다름없다. 사람들은 자신이 선택한 행동에 대해 그럴듯하게 이성적인 근거를 제시할 뿐임을 잊지 말자. 진심으로 수용하게 하려면 감정을 움직여야 한다. 논리만으로 이긴 자는 감정을 움직이는 싸움에서 패한 것이다.

거창한 배려는 없다
| 사소한 감동을 주어라

배려에 서툰 사람들은 뭔가 대단한 도움을 주어야 배려라고 생

각하는 경향이 있다. 값비싼 물건이나 큰 도움을 줄 수 없다면, 차라리 안 하는 편이 낫다고 생각하기도 한다. 그러나 그들은 배려의 참뜻을 모르는 것이나 다름없다. 배려란 어쩌다 한 번 하는 화려한 이벤트가 아니라, 늘 관심을 가지고 좀 더 마음을 써주는 것이기 때문이다.

평상시 집안일에 전혀 무관심하던 남편이 기념일만 챙겨준다고 배려심이 있다고 할 수 있는가? 배려할 줄 아는 사람은 매일 사소한 것에 신경을 써준다. 사소하지만 항상 챙겨주려는 변함없는 관심이 커다란 마음으로 전달되기 때문이다.

다음은 없다

| 두려워하지 마라

소극적인 사람들은 따뜻한 마음으로 가득 차 있으면서도 소심함 때문에 잘 표현하지 못하는 경우가 많다. 비 오는 날 우산이 없어 발을 동동 구르는 사람을 보고도 같이 쓰자는 말을 못해 망설이기도 한다. 그러나 한 번씩 한 번씩 배려를 포기하다 보면 배려를 생활화할 기회는 없다. 기회가 있을 때마다 두려워 말고 당신의 호의를 표현하라. 당신의 호의에 진심이 담겨 있다면 쉽게

거부당하지 않을 것이다. 배려의 횟수가 거듭될수록 당신은 자연스럽게 마음을 표현할 수 있게 되고, 언젠가는 세련된 배려로 사람들에게 다가갈 수 있을 것이다.

누구에게도 완벽은 없다
| 상대방도 나도 신이 아니다

누군가에게 화를 내고 있는 당신을 떠올려보라. 왜 상대방은 그렇게 이해심이 없는지, 왜 그리 꽉꽉 막혔는지, 왜 그리 허술한 건지……. 그러나 아주 냉정하게 생각해보면 당신은 상대방에게 완벽을 요구하고 있다. 이해심이 없다고 생각하는 사람에겐 성인의 모습을, 뭔가 부족한 사람에겐 신의 능력을 요구하고 있는 것이다. 그렇게 완벽을 요구하다 보면 당신은 상대를 진실로 이해할 수 있는 여유를 가질 수 없다. 그러면서도 자신의 어려움이나 상황은 평범한 사람이 가지는 한계로 바라봐주길 바라는 것은 너무 모순적이지 않은가? 우리는 그 누구도 신이 아니다. 상대도 나를 보듯 평범한 사람으로 바라봐주자. 배려라는 개념에는 이미 관용과 이해, 역지사지가 포함되어 있다.

CHAPTER 2

배려는 처음 만난 사람도
친구로 만든다

너그럽고 상냥한 태도, 그리고 사랑을 지닌 마음,
이것은 사람의 외모를 아름답게 하는
말할 수 없는 큰 힘인 것이다.

• 파스칼 •

실패담이 '마음의 벽'을 허문다

사람들은 누구나 다른 사람들에게 잘 보이고 싶어한다. 가능하다면 자신의 장점만 부각시켜 실제보다 더 멋지게 보이고 싶어한다. 하지만 자신의 진짜 모습을 보이지 않으려고 하다 보면 대부분의 경우 오히려 자신의 모습이 더 어색하게 비춰진다. 자신의 주위에 보호막을 쌓아놓은 것처럼 자신의 감정도 통제된 부분밖에 전달되지 않고, 상대방이 감정을 전달하려 해도 보호막이 있어서 입구를 찾지 못한다. 감정의 자유로운 교신을 할 채널이 없어지는 것이다. 결국 만남은 수박 겉핥는 식의 의례적인 말이나 행동만으로 이어지고, 관계는 더 이상 발전할 수 없는 결과를 초래하게 된다. 만남을 지속하고 싶다면 마음의 벽을 먼저 허물어야 한다. 다시 만나지 않을 것이 확실한 경우에도 그 벽을 허물어야 대화를 즐길 수 있다.

배려할 줄 아는 사람은 먼저 나서서 자신의 벽을 제거한다. 자신의 벽은 제거하지 않으면서 상대방의 벽이 허물어지기를 바라는 것은 욕심이며, 예의에도 벗어나는 일임을 알고 있는 것이다. 그래서 그들은 먼저 자신을 보여주려 한다. 그리고 가장 효과적인 방법으로 흔히 자신의 실패담을 택하곤 한다.

보통 사람들은 실패를 창피한 것으로만 생각하고, 실패를 숨기려 한다. 그러나 배려하는 사람은 실패를 다른 각도로 본다. 실패나 잘못은 누구나 할 수 있는 것이기 때문에 창피한 일이 아니라고 생각한다. 뿐만 아니라 '성공한 사람'이라고 불리는 이들도 많은 실패를 거듭해왔음을 안다. 그런 실패를 겸허하게 받아들여 반성하고, 실패를 무서워하지 않고 앞으로 나아갔기에 성공한 것이라고 믿는다. 그래서 그들은 자연스럽게 자신의 실패담을 이야기할 수 있는 것이다. 실패담을 재미있고 우스꽝스럽게 이야기하면 그런 인간성을 갖춘 사람에 대하여 사람들은 틀림없이 친숙함을 느끼게 된다. 자신과 동일한 인간이라는 사실을 발견하고 안심하는 것이다. 배려하는 사람들에게 '실패'란, 인간관계를 성공적으로 이끄는 하나의 재료가 되기도 한다.

자신을 진솔하게 보여주고 장벽이 없음을 알려주면 상대는 들어갈 길이 생겼다고 느낀다. 마음과 마음이 직접 통할 수 있는 채널을 열어두는 것이 바로 배려인 것이다.

명함은 상대방의 얼굴이다

명함은 이름과 소속된 조직에 관한 최소한의 정보가 나와 있어 상대방을 가장 쉽게 알 수 있는 고마운 존재다. 그래서 우리는 처음 만났을 때 인사를 하고 즉시 명함을 교환한다.

배려가 서툰 사람들은 보통 명함을 주고받는 과정에서 자신의 명함 주기에만 급급한 나머지, 상대방의 명함은 받자마자 이름만 확인하고 무심히 명함을 집어넣는 경우가 있다. 아니면 명함을 준 상대에 대한 정보를 바로 명함에 기록하거나, 받은 명함을 책상 위에 놓고 대화를 할 때 명함이 다른 서류 밑에 덮이거나 서류에 깔려 거꾸로 되어도 신경 쓰지 못하는 경우도 있다.

배려에 익숙한 사람들은 명함을 상대방의 얼굴이라고 생각한다.

배려심이 있는 사람들은 건네받은 명함에 바로 기록을 한다거나 그 명함을 아무렇게나 방치하지 않는다. 명함에 기록을 해야 한다면 헤어진 후에 한다. 그런 실례가 되는 행동은 상대방의 얼굴에 낙서를 하거나 상대를 아무렇게나 취급한다는 인상을 준다는 것을 알기 때문이다.

그들은 상대의 명함을 정중하게 대하고, 세심하게 보고, 조심스럽게 테이블에 모셔놓는다. 상대방은 자신의 명함이 정중하게 대우받고 있음을 알아차리고, 예의 바른 배려에 감사하고 기뻐한다. 그리고 '이 사람은 나를 소홀히 생각하지 않는구나'라는 확신과 함께 큰 신뢰감을 갖게 된다. 그들은 상대에 대한 관심과 호의를 나타내듯 명함을 받아들고, 속속들이 자세히 살펴보고 궁금한 점이나 특이한 점에 관하여 질문을 한다. '당신에 대해서 많은 것을 알고 싶지만, 지금은 이 명함에 적혀 있는 것뿐이라서 안타깝습니다'라는 표정으로 열심히 살펴본다. 그리고 그 자리에서 궁금하거나 눈에 띄는 부분이 있으면 물어보거나 의견을 말한다. 헤어진 후에는 아무리 들여다봐도 의미가 없기 때문이다.

명함을 충분하게 갖고 다니려고 해도 어떤 때는 떨어질 때도 있고, 또 어떤 때는 깜빡 잊어버리기도 한다. 그럴 경우 상대방으로부터 명함을 받은 이상 자신의 명함을 건네지 못한 것에 대한 사과만으로는 충분치 않다. 그렇다고 다른 종이에 이름과 회사명 등 기타사항을 기록해서 건네주는 것은 아무리 봐도 지나친 일이다. 게다가 상대방의 명함을 한 장 받아서 그곳에 자신의 이름 등을 써서 건네준다면 이는 언어도단이라고밖에 할 말이 없다. 이런 경우에는 사과를 하고 이후에 보내는 것이 좋다. 간단한 편지와 함께 자신의 명함을 보내주는 배려를 한다면, 상대방은 당신에 대해 더 좋은 인상을 갖고, 더 많이 기뻐할 것이다.

나를 기억시키는 작은 배려

새로운 사람을 만나면 자기소개를 하는 게 기본이다. 일반적으로 많이 쓰는 방법이 이름을 말하고 "잘 부탁합니다"라고 마무리 짓는 것이다. 하지만 이런 방법은 상대방에게 자신을 기억시키기에 부족하다.

상대가 나를 기억하기 쉽게 배려해보는 건 어떨까?

나는 자신만의 특징을 살려보라고 권하고 싶다. 자신이 하고 있는 일과 관련해서 소개를 하는 것은 매우 일반적이기 때문에, 일과 관계없는 것에서 자신의 특징을 잘 살려 설명하는 것도 효과적이고, 자신의 성이나 이름의 독특한 유래에 관하여 설명하는 것도 흥미를 끌 수 있다.

이름이 '지동직'인 본인은 명함을 주고받을 때 희귀한 성임을 강조하여 소개한다. 그러면 대부분은 그 이후에도 기억을 해준다. 또한 동창회처럼 선배나 후배에게 이름까지 기억하게 하고 싶은 경우에는 "이름에 곧을 직直자가 있어서인지 성격은 강직하고, 몸매는 우직합니다"라는 식의 짧은 인사를 하면 대부분 쉽게 기억한다.

자신의 출신지와 자신의 성격을 연관 지어 소개하는 것도 재미

있다. "부산 사나이라서 무뚝뚝하지만 시원시원한 성격입니다"라는 식의 인사를 덧붙이면, 부산에 대한 궁금한 점을 물어올 수도 있다. 상대가 같은 부산 출신이라면 말을 걸기가 더욱 쉬워진다. 그렇게 자연스럽게 대화가 이어질 수 있는 것이다.

또한 자신의 약점에 대하여 한 마디 해두는 것도 매우 효과적이다. 사람들은 대개 약점을 숨기려고 하기 때문에 약점을 드러내며 인사하는 것만으로도 상대방에게 '신선함'과 함께 깊은 인상을 심어줄 수 있다. 숨기지 않고 솔직히 말하면 그걸 커버해주려는 보호 본능까지 자극하게 되어 있어 일석이조의 효과를 거둘 수 있다. 이렇듯 이름을 쉽게 기억할 수 있도록 배려할 때, 상대의 머릿속에 당신의 자리는 더욱 커진다.

'작업'을 거는 것도 배려다

처음 만나는 여성에게 소위 '작업'을 걸 때, "전에 어디서 뵌 적이 있는 것 같은데……"라고 말을 거는 건 오래되고 상투적인 방법이다. 하지만, 이런 식으로 '작업'을 거는 것은 여전히 상당한 효과가 있다. 말을 들은 여성은 어디서 만났었는지 의아해하면서 여러 가지 가능성을 머릿속에 생각해보게 된다. 기억을 되새길

힌트를 찾아내려 상대 남자를 자세히 관찰하게 되고, 상대방에게서 힌트를 얻기 위해 질문까지 하기도 한다. 그렇게 되면 첫 대면을 사교적이고 틀에 박힌 대화가 아니라 한 발 앞선 구체적인 대화로 시작할 수 있다. 서로에 대한 상세한 정보를 교환하게 되기 때문에 친밀도도 한층 높아진다. 전에 어디서 만났는지를 알기 위하여 어떤 곳에서 일을 했는지, 평상시 어디를 자주 가는지 등 각자의 일상생활에 대하여 상당히 자세한 이야기가 오갈 수 있게 된다. 그러면 자연스럽게 공통의 화제가 형성되고 그렇게 이야기 꽃이 피어난다. 꽤나 세심한 대화가 되어 첫 대면의 긴장감도 어느 사이엔가 없어져버리고, 이야기에 열중하여 원래부터 친한 관계였던 것 같은 착각이 그들을 더욱 친밀하게 묶어줄 것이다.

배려하는 사람들은 '작업'을 꼭 이성에게만 걸지는 않는다. 상대가 친한 사람이라면 서론 없이 여러 가지 일에 대하여 물어볼 수 있지만, 초면부터 마치 취조하듯이 "어느 학교 나왔죠?" "거래처는 어디를 주로 다니시나요?" "나이가 몇이시죠?" 하고 물어볼 수는 없기 때문에, 그들은 오히려 '작업 걸기'를 친해지기 위한 또 하나의 배려로 생각한다.

이성에게도, 동성에게도, 거래처의 담당자에게도 빨리 친해지고 싶다면 "우리 전에 어디서 뵌 적 있나요?"라고 물어보자. 진짜 본 적이 있는 것 같다면 더욱 좋겠지만, 실제로 본 적이 없어도 일단 한번 물어보는 것이다. 특히 같은 거래처의 담당자를 처음 만나는 경우에는 같은 업종에 있는 사람이기 때문에 분명 다른 회사 어디에선가 스쳐 지나쳤을 가능성이 높다. 그러므로 당신이 먼저 자주 가는 회사를 말하거나, 출신학교를 말하면 상대방도 자연스럽게 자신의 이야기를 털어놓게 될 것이다.

한 가지 주의할 점은 지나치게 인위적이거나 가식적으로 다가가지 않도록 해야 한다. 만약 상대방이 눈치채고 부담스럽게 여긴다면 역효과를 가져오기 때문이다.

가벼운 인사에도 깊은 관심을 전한다

사회생활을 하면서 우리는 여러 사람과 만난다. 거래처 사람과 밥을 먹기도 하고, 동료들과 술을 먹기도 한다. 꼭 만나지 않더라도 전화로 안부를 묻거나 여러 가지 이야기를 나누고 정보를 공유한다. 요즘에는 메신저로 서로의 안부를 묻거나 업무사항을 상의하는 사람들도 늘어나고 있다. 그러다가 헤어지거나 전화를 끊거나 메신저로 대화를 마무리하는 경우, 습관처럼 마지막에 하는 말이 있다. "우리 다음에 한번 봅시다" 또는 "식사라도 한번

해요"라는 말인데, 이는 "안녕히 가세요"의 또 다른 표현이기도 하다. 그런데 이런 약속이 실제로 이행될 확률은 매우 낮다. 식사를 하자고 권했던 사람도 '꼭 지켜야 한다'는 강한 의무감을 갖고 있진 않다. 다만, '언젠가는'이라고 막연히 생각하다가 어느덧 잊어버리고 마는 것이다. 상대방도 인사치레라고 여기고 만날 것을 크게 기대하지 않는다.

멋진 배려를 할 줄 아는 사람은 바로 이런 시점에서 돋보인다. 그는 가벼운 사교상의 약속을 실행에 옮겨, 상대에게 즐거운 충격을 던져준다. "지난번에 제가 식사 한번 하자고 그랬죠?"라고 하면서 식사할 기회를 만들면 상대방도 자연스럽게 받아들이기 때문에 바로 약속 이행으로 연결된다. 평소에는 이런 경우가 드물어서 저절로 상대에게 강한 인상을 남기게 된다. 즉, '자신이 한 말은 꼭 지키는 사람'이라는 이미지를 심어준다.

기본적으로는 친구 사이에도 "언제 같이 술이나 한잔하자"고 한 이상은 기회를 봐서 자리를 마련하는 것이 원칙이다. 거래처와의 약속은 더더욱 그렇다.

또한 중요한 거래처나 한번 꼭 만나고 싶은 사람이 있다면, 이것을 역이용하는 방법도 있다. 상대방이 "언제 식사 한번하죠?" 하고 마지막 인사를 하면, 그 기회를 잡아 자연스럽게 "정말이요?"라고 호응하며 기뻐하자. 상대방은 이미 그렇게 말했기 때문에 대부분 "그럼요!"라고 흔쾌히 대답할 것이다. 그때를 놓치지 말고, "그럼 얘기 나온 김에 다음 주는 어때요?"라면서 대화를 이끌어나간다면 더 좋다. 그러면 상대방은 갑작스러운 반응에 약간 당황할 수도 있지만, 이내 다음 주 스케줄을 당신에게 말해줄 것이다.

친구나 친지들과도 마찬가지다. "한번 보자"라면서 전화를 끊으려 한다면, 만약 그 사람이 보고 싶은 사람이었다면, 비슷한 방법으로 재빨리 약속을 정하자. "그래, 얘기 나온 김에 오늘 저녁 어때?"라며 상대방이 미처 생각하지 못한 빠른 시간에 약속을 정하자. 저녁이 안 된다면 점심이라도 같이 먹자고 말하자. 혹시 상대방이 진짜로 바빠서 만나지 못하더라도 당신이 만나고 싶어하는 '마음'만은 확실히 전할 수 있다.

소개받을 때의 예의

친구가 자신의 친구를 소개해줄 때, 우리는 종종 친구의 친구인 만큼 더 적극적으로 상대방과 친해지려고 노력한다. 누군가와 빨리 친해지려고 노력한다는 것은 좋은 것이다. 그러나 지나치게 서두르다 보면 상대방이 부담스러워할 뿐만 아니라, 자칫 소개해준 친구를 소홀히 하게 되어, 친한 친구마저 멀어지게 되는 결과를 가져올 수 있다.

이런 경우, 친구를 배려할 줄 아는 사람은 의식적으로라도 '서서히' 친해지려고 노력한다. 사람이란 지나치게 빨리 다가서면 난처해하며 뒤로 물러선다는 것을, 그들은 알고 있는 것이다. 그래서 그들은 친해졌다는 생각에 거리낌이 없어져 '함부로 행동하는 사람' '버릇없는 사람'이라는 인상을 남기지 않도록 최대한 '천천히' 배려를 한다. 무엇보다 그들은 소개해준 친구의 존재를 소홀히 하지 않는 것이다. 우선은 화제의 초점을 소개해준 친구에게 맞춘다. 새로운 친구에 관해서 궁금한 점도 많고 물어보고 싶은 것도 많겠지만, 당분간은 소개해준 친구를 매개로 이야기한다는 자세를 잃지 않는다.

새 친구를 소개받아 대화를 할 때, 소개해준 친구의 장점을 화제로 하여 부드러운 대화를 유도해보는 것도 좋은 방법이다. 소개해준 친구를 신뢰하고 있다는 점이 상대에게 잘 전해지기 때문에, 자신의 신뢰감도 서서히 높아진다. 또한 자신을 전면에 내보이지 않고 소개해준 친구를 통해서 간접적인 형태로 대화를 진행해나가는 것이 처음 보는 사람 간에 적당한 거리를 유지하

게 하여 부담감 없는 사이로 좁혀주는 것이다. 이것이 새 친구에게 부담 없이 다가서고, 소개해준 친구를 더욱 친밀하게 하는 배려인 것이다.

⋮

사람을 '안주'로 삼을 때도
배려를 잃지 마라

친한 친구들이 모였을 때, 보통은 놀림의 대상이 되는 친구가 정해져 있는 경우가 많다. 어떤 모임이건 특이한 사고방식을 가지고 있는 친구가 한두 명은 있기 때문이다. 언제나 그 친구의 묘한 행동양식이나 습관, 몇 번을 이야기해도 재미있는 실패담이 흔히 화제가 된다. 게다가 누군가가 한두 마디 거들면 한층 더 웃음바다가 되기 마련이다. 화제 자체는 심각한 것이 아니고 한 번 웃어버리면 그것으로 끝날 일이다. 따라서 당사자도 아무 거리낌 없는 모습으로 같이 웃어버린다. 이런 상황을 잘 알고 있는 친구들 간의 모임이라면 문제가 되지 않는다. 특히 달리 재미있는 이야기가 없을 때 다시 이야기를 꺼내면 절호의 '안주'가 되어 그 자리는 흥겨워진다.

그러나 그 그룹에 한 명이라도 새로운 사람이 들어올 경우에는 신경을 쓸 필요가 있다. 배려하는 것이 익숙하지 않은 사람들은 대부분 언제나처럼 평소에 '안주'가 되는 친구를 '안주' 삼으려 한다. 그 친구가 버럭 화를 내거나 불쾌감을 느끼게 된다는 것을 미처 생각하지 못하는 것이다.

잘 알고 있는 사람들끼리 모여 있을 때는 서로 친교를 거듭해 온 과거가 있다. 각각의 장점, 단점을 모두 파악하고 웃음의 재료로 삼고 있는 것이다. '안주'가 되는 본인도 편하게 웃어버릴 수 있다. 그러나 처음 만나는 사람이 들어오게 되면 그때까지 '그룹 내 공개'였던 것이 '일반 공개'로 변하는 것이다. 그의 성격과 지금까지의 줄거리를 모르는 사람은 '놀림당하는 상태'만 보고 그 사람을 우습게 평가할 가능성이 높다.

첫인상이 모두의 '웃음거리'가 되면 그 사람의 자존심에 큰 상처를 줄 수 있다. 잘 아는 친구들 사이에서는 웃음의 재료가 되는 역할도 받아들일 수 있으나, '일반 공개'가 되면 싫어지는 것이 당연하다. 친구들의 '안주'가 되는 것은 괜찮으나 모르는 사람에게 안주가 되는 것은 받아들일 수 없을 것이다.

또한 당신이 배려심이 있는 사람으로 '새롭게 친구가 된 사람'이라면, 누군가가 웃음의 대상이 되었을 때 단순하게 따라 웃어서는 안 된다. "그렇게 보이지 않는데……"라는 식으로 말을 하며 한 발 물러서서 조심스럽게 행동해야 한다. 회사로 비유하면 '신입사원'이라고 생각하자. '신입사원'에게 우스운 사람이 되고 싶은 선배가 어디 있겠는가? 행동도 조심하고 기존의 친구를 배려하는 마음가짐도 필요하다.

3

배려는 나를 특별하게 한다

· 이솝 ·

특별한 관계는 파벌을 감수할 때 만들어진다

결혼 적령기를 한참 넘었는데 결혼하지 않는 남자가 있다. 여자친구도 많고 언제나 자유분방하다. 왜 결혼하지 않는지에 대한 질문에 대해 본인은 '박애주의자'라며 "모든 여자친구들에게 공평하게 대한다"고 큰소리를 치곤 한다. 그러나 주변에 있는 모든 여성에게 공평하게 대한다면, 특정 여성에게 초점을 맞출 수 없다. 모든 여성과 공평하게 교제를 한다면 깊은 관계로 발전하지 못하고 결혼까지 이를 수는 없는 것이다.

모든 사람과 절친한 관계를 만들고자 한다면 친한 친구는 만들어지지 않는다. 아무에게도 욕을 먹지 않겠다는 마음에는 적극적인 요소가 결여되어 있다. 항상 사방팔방으로 신경을 써야 하기 때문에 아무래도 방어적인 행동패턴을 갖게 된다. 모두에게 사랑을 받고 싶다는 생각을 할 수는 있지만, 실제로는 불가능하다는 점을 깨달을 필요가 있다. 배려심이 많다는 것이 무조건 모두와 절친한 관계를 유지하는 것은 아니다.

사람에게는 피라미드형의 인간관계 구축이 가장 이상적이라고 한다. 피라미드형의 교제란 일정 집단에서 3, 4명의 속마음까지 다 털어놓을 수 있는 절친한 친구가 있고, 10여 명의 잘 알고 지내는 사람이 있으며, 나머지는 즐겁게 인사할 수 있는 사람으로 구성되는 것을 의미한다. 그러므로 집단에 소속된 모두가 3, 4명의 범주에 들어갈 수는 없는 것이다. 자칫하면 모두가 인사만 나누는 아는 사람 정도로만 남을 수도 있다.

5, 6명 정도의 개인적이고 비공식적인 소모임인 경우에도 모든 사람과 친해지기 위해서 자신의 에너지를 분산시키지 말고, 좋아하는 사람 또는 마음이 가는 사람에게 집중해보자. 특별히 사이좋은 그룹이 형성되면, 그 결속력은 그 모임에 더욱 적극적으로

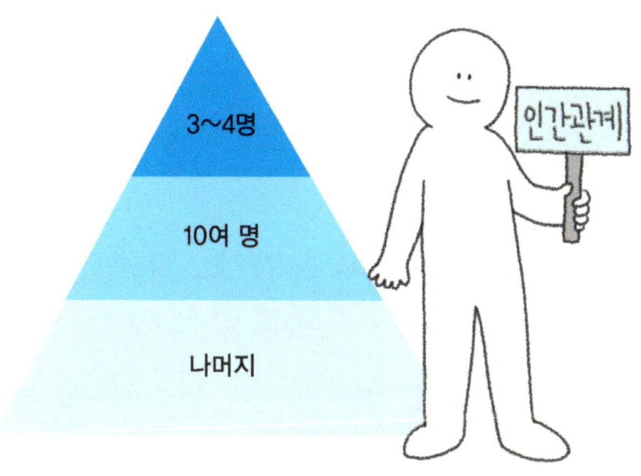

참가하게 만들기도 한다.

회사와 같은 공식적인 자리에서 파벌이 생기는 것은 그리 바람직하지 않지만, 암묵적으로 파벌이 있는 게 현실이다. 하물며 개인적인 자리에서 파벌이 생기는 것은 너무나 자연적인 현상이고 거부할 이유가 없다. 배려하는 사람들은 굳이 모든 사람과 친해지려고 무리하지 않는다. 한번 특별히 친한 그룹이 형성되면 자연스럽게 배타적으로 되는데, 이는 모임의 관계를 강화시키기 위한 '차별화' 과정으로 생각한다. 배타성이 강해질수록 모임 내의 결속력은 더욱 강해지며, 친밀한 관계가 더욱 끈끈해짐을 분명히 알고 있기 때문이다. 중요한 것은 다른 모든 그룹에 대해서 친한 척하는 것이 아니라 적당한 관심과 예의를 표하는 것이다. 무엇보다 필요 없는 적대감을 가지지 않고 사리 판단을 함에 있어 객관성과 관대함을 보이면 된다.

또한 누군가와 친해지려고 할 경우에는 '당신만'이라는 마음을 전할 필요가 있다. 그렇다고 말로만 '당신만'이라고 한다면 아무런 의미가 없다. 진부한 광고 문구처럼 "당신만을 위하여……"라고 말하며 많은 사람들에게 메시지를 전달하게 되면 금방 모두에게 거짓말이 탄로 난다. 금방 탄로 날 거짓말은 애초부터 하지 않는 것이 좋다. 예를 들어 술을 마시는 모임이라 한다면 마음에 있는 사람에게 집중적으로 술을 따르는 등의 '차별 대우'를 해보는 것도 당신의 마음을 전하는 좋은 방법이다.

'고민'이 만들어주는 친밀감

곤란한 일이나 고민거리가 있을 때 혼자서 고민하는 것이 좋지 않다는 것은 누구나 안다. 배려에 익숙한 사람들은 누군가 제3자에게 고민을 이야기하면서 의견을 청하는 것에도 익숙하다. 그것이 가장 효율적인 방법이며, 방법에 따라서는 1석 3조의 효과까지 기대할 수 있음을 경험적으로 알고 있기 때문이다.

우선, 말해버리는 것 그 자체만으로 고민을 털어내는 것 같아 상당히 기분이 가벼워진다. 자신만의 비밀처럼 혼자서 고민거리를 껴안은 채 힘겨운 상태로 생활하는 사람이 있다. 세상의 고민을 자신이 전부 가지고 있는 듯 얼굴을 찡그리고 있으면 남들이 보기에도 좋지 않고, 자신도 해답을 찾지 못해 스트레스는 더욱 커져 정신 건강에도 좋지 않다. 보통은 술을 마셔 스트레스를 풀고자 하는데, 이런 경우는 폭음을 하기 쉽고 몸도 해치는 결과를 가져오게 된다. 한번 용기를 내어 다른 사람에게 자신의 고민거리를 털어놓아 보자. 신기할 정도로 자신의 마음이 한결 가벼워짐을 느낄 수 있을 것이다. 물론 해결책을 찾게 되면 더할 나위 없지만, 해결책을 찾지 못하더라도 이미 마음속의 체증은 어느 정도 수그러들 것이다.

두 번째 좋은 점은 고민을 털어놓으면 의외로 가까운 곳에 해답이 있거나 생각보다 간단하게 해답을 찾는 경우가 많다는 것이다. 실제로 회사 생활을 하다 보면 당시에는 상당히 심각하게 고민되는 문제도 상사에게 상담을 하면 희한하게 풀리는 경우가 많다. 안 좋은 일일수록 숨기는 경향이 있지만, '병과 걱정은 소문내라' 라는 말이 있는 것처럼 여러 사람에게 소문을 내면 의외의 해결책이 생기는 법이다. 특히, 심각한 고민일수록 누군가에게 털어놓고 조언을 구하면 더 능동적인 해결책을 구할 수 있다. 심각한 고민을 당사자로부터 알게 된 사람은 '이런 심각한 고민을 알려줄 만큼 신뢰받고 있다'는 생각이 들어, 어떻게 해서든지 그 사람을 위해서 여러 방면으로 알아보고 여러 사람에게 물어보게 된다.

마지막으로 좋은 점은 인간관계를 넓혀준다는 것이다. 고민을 털어놓고 여러 가지 의견을 물어본다는 것은 사실은 커뮤니케이션의 가장 기본적인 단계이다. 아무런 화제도 없이 그냥 "날씨가 좋네요" "그렇군요" 같은 대화로는 좀처럼 대화의 폭을 넓히기 어렵다. 두 사람이 공통적인 관심사를 가지고 있을 때 커뮤니케이션이 활발해지기 마련인데, '고민'을 털어놓음으로써 그 순간에 두 사람 사이에는 공통적인 '관심사'가 생겨나는 것이다. 그것이 심각하든 덜 심각하든, 짧은 시간이든 긴 시간이든, 적어도 두 사람은 같은 시간에, 같은 장소에서, 같은 내용의 고민에 관한 해결책을 찾으려고 노력한다. 또한 문제의 해결책을 찾은 후에도 두 사람의 관계는 더욱 돈독해지게 된다. 사람은 도움을 받아서 기쁘기도 하지만, 도움을 줌으로써 기쁨을 느낄 수 있기 때문에 더욱 정이 가는 것이다.

이제 한 걸음 더 나아가서 평소에 다가가기 힘들었던 사람에게

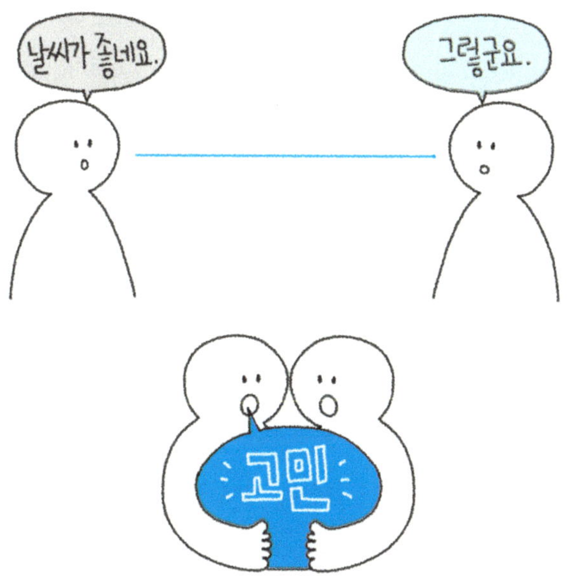

고민을 털어놓고 진지하고 진실되게 도움을 요청해보자. 평소의 거리감을 좁히면서, 친밀한 인간관계를 하나 더 만들 수 있는 기회가 될 수 있다.

누군가를 위해서 뛰어나갈 수 있는 사람

누구나 어렸을 때, 학교에 우산을 가져가지 않았다가 수업 중에 비가 와서 걱정을 한 경험이 있을 것이다. 같은 동네에 사는 친구가 우산을 가지고 왔다면 그나마 다행이지만, 그 친구도 우산이 없을 때는 정말 난감하다. 그럴 때, 소나기를 헤치고 학교 앞에 와서 수업이 끝나기를 기다리시는 어머니를 발견하면 그것보다 반가운 일은 없다. 같은 동네에 사는 친구에게도 우쭐해지는 그런 어머니의 배려는 너무나 고마운 기억이다.

사회에 나와서도 외출 중인데 갑자기 비가 내려 당황했던 경험이 누구에게나 있을 것이다. 시간적으로 여유가 있거나 지나가는 비라고 판단될 경우에는 적당히 비를 피하면 되지만, 그렇지 못한 경우는 그 옛날처럼 난감하다. 이때 귀한 거래처 손님이나 직장상사와 함께 있다면 더 어찌할 바를 모를 것이다.

이럴 땐 재빨리 뛰어나가서 우산을 사 오자. 혹시 우산을 파는 곳이 주위에 보이지 않는다면 뛰쳐나가서 택시를 잡자. 중요한 시간을 막연하게 비가 그치기를 바라며 건물 안에서 다 보낼 수도 없는 일이고, 상사가 비에 쫄딱 젖는 것을 지켜보는 것도 안 될 일이다. 자신을 위해서 소나기 속으로 뛰어나가 줄 수 있는 사람을 어떤 상사가 미워하겠는가?

친구끼리 함께 있는 경우에도 마찬가지다. 좋아하는 친구를 위해서 기꺼이 비를 맞는 수고를 아끼지 말자. 특히, 친구가 새로 산 옷을 입었거나 가죽 구두를 신었다면, 친구가 먼저 행동을 취하기 전에 뛰쳐나가서 우산을 사 오자. 사 온 우산을 주면서 "너 오늘 처음 입은 옷이잖아"라고 한 마디만 건네도 친구의 마음속에는 감동의 파도가 몰려 올 것이다.

자신이 싫은 일은 다른 사람에게도 싫은 것이다. 솔선해서 다른 사람에게 배려하면 그 장소에 있던 또 다른 사람들도 그 친절한 행위에 감동받는다. 작은 배려의 불씨가 여러 사람의 마음을 흔드는 감동을 남기기도 한다. 배려할 줄 아는 사람은 상대를 위해 작은 희생을 감수할 수 있는 사람이다.

적도 움직이는 배려의 힘

언제나 자기중심적인 상사가 있다. 부하나 부서에 대한 애착은 전혀 보이지 않고, 자신의 개인적인 일에만 심혈을 기울이는 사람이다. 그러면서 부하의 일에 대해서는 일일이 트집을 잡고 엄한 평가를 한다. 게다가 평가를 하기만 할 뿐, 평가 후에 추가적인 관심과 배려가 전혀 없어서, 가까이하고 싶다는 생각이 전혀 들지 않는다. 그런 상사가 갑자기 친근하게 다가온다는 것은 기대할 수도 없는 일이고, 이대로 간다면 친하게 지낼 수 있는 가능성은 없어 보인다. 이런 분위기에서는 일이 즐거울 리 없다. 항상 껄끄러운 상사를 의식하게 되고, 슬슬 피하며 눈도 마주치지 않으려고 하는 등 쓸데없는 신경을 쓰게 되어 어느 사이엔가 정신적인 피로가 누적되는 것이다.

당신이 배려심을 발휘한다면 이런 상황을 쉽게 바꿀 수도 있다. 자신이 '가까이하고 싶지 않다'고 생각하니까 상대도 '가까이하고 싶지 않다'고 생각한다는 것을 깨닫자. 자기가 가까이 가는 건 자신을 굽히고 상대를 따르겠다는 것이라고 생각할지도 모르지만, 그렇게 고집만 부려서는 자기 자신의 세계를 좁히는 결과 밖에는 안 된다.

이제 배려하는 마음으로 서로의 감정 사이에 있는 벽을 자기 쪽에서 먼저 헐어버리도록 노력해보자.

우선은 출근과 퇴근을 할 때 열심히 인사를 해보는 것이다. 자신이 껄끄럽게 생각하는 사람일수록 적극적으로 다가가서 예의 바른 인사를 한다. 상대가 시큰둥한 반응을 보이더라도 끈질기게 반복해본다. 아무리 마음을 닫고 있는 상대라도 "인사하지 마"라고는 하지 않는다. 그러는 동안에 속도는 느리지만 달갑게 인사를 받게 되고, 서로 상대의 눈을 보고 인사를 하게 되면서 마음도 통하게 된다.

인사로 시작하는 것은 서서히 친해지는 방법 중의 하나다. 속

도가 너무 느려서 싫은 사람도 있을 것이고, 성격상 맞지 않는 사람도 있을 것이다. 그런 사람에게도 좋은 방법이 있다.

껄끄러운 상대일수록 상대방에게 상담을 요청해보자. 상담할 내용은 어떤 것이라도 좋다. 다만, 너무 심각한 상담은 귀찮아서 상대하고 싶지 않을 수도 있기 때문에 가능한 한 간단한 내용의 것이 바람직하다. 상담을 요청한다는 것은 상대의 판단력이 훌륭하다는 점을 인정하고 전폭적인 신뢰를 보내고 있다는 사실을 나타내는 것이기 때문에 상대방은 약간 어색해하면서도 기분 좋게 상담에 응할 것이다.

특히 개인적인 내용을 상담하는 경우는 비밀을 털어놓는 것이 되기 때문에 신뢰도가 높아진다. 신뢰를 받으면 누구든 기뻐하고, 신뢰를 받고 있다는 생각은 책임감 있는 행동을 취하게 하며, 그렇게 둘 사이의 거리도 급속하게 좁아질 수 있다.

즐거운 험담이 되게 하려면

친한 친구 사이에서는 종종 서로 상대의 약점이나 과거의 실패담을 '술안주'로 삼아 웃으며 즐거워하기도 한다. 얼굴을 마주치면 항상 서로 욕설을 주고받는 사람들도 있다. 그건 서로 속속들이 아는 친구라는 기반 위에서 서로를 신뢰하기 때문이다. 모르는 사람이 말하면 화를 낼 일도 친구가 말하면 웃어버릴 수 있다.

그러나 서로가 욕설을 하며 즐거워한다고 해도, 그 순간 재미있어 하는 것은 주로 욕설을 하는 쪽이다. 유쾌한 과거의 실패담이라면 듣는 본인도 되돌아보며 즐길 수 있지만, 괴로웠던 실패나 피하고 싶은 약점 등 화제에 올리고 싶지 않은 것들도 있을 수 있다. 친구들 앞에서 화를 내거나 불쾌한 표정을 짓는다면 분위기를 망쳐버릴까 봐, 할 수 없이 참고 있을지도 모른다.

이런 식의 친근함을 표현하는 것에도 배려심이 있는 사람과 없는 사람은 다르다.

배려심이 없는 사람은 단순히 친근함만을 과시하고 싶어하거나 분위기를 즐겁게 하는 데만 열중한다.

그러나 배려심이 있는 사람은 아무리 친구라 해도 욕먹는 것보다는 칭찬받기를 원한다는 것을 안다. 그래서 그들은 꼭 칭찬을 곁들인다. 본인을 앞에 두고 험담과 칭찬을 알맞게 분배하여 험담도 칭찬처럼 들리게 하는 것이다. 그들은 또 당사자가 없는 자리에서는 대부분 칭찬하는 이야기를 한다. 자신의 친구를 칭찬하면 자신의 격도 올라가는 것을 알고 있는 것이다. 좋은 친구를 갖고 있다는 것은 자기도 좋은 사람이라는 하나의 증명이 되기도 한다.

칭찬은 "내 친구 중에 이렇게 대단한 친구도 있어"라는 정도가 좋다. '대단하다'고 해도 사회적 지위나 직함을 말하는 게 아니고 그 친구의 능력이나 사람 됨됨이에 대하여 설명을 하든가, 장점을 부각시킬 수 있는 에피소드를 이야기하는 것이 좋다. 이야기가 구체적일수록 듣는 사람의 머릿속에는 선명한 이미지가 남기 때문이다.

친구를 칭찬하게 되면 틀림없이 어떤 방법으로든 상대에게 전해진다. "아무개 씨로부터 자주 말씀을 듣고 있었습니다만, 귀하를 많이 칭찬하시던데요"라고 전하면, 듣는 친구는 가슴속에 기쁨과 신뢰감을 갖게 된다. 자신도 모르게 자신을 높이 평가해준다는 것을 알면 친구를 다시 보게 되는 것이다.

친구끼리 도움을 주고받을 때

가정, 학교, 사회에서 자신의 심각한 고민거리를 드러내고 싶어하는 사람은 없다. 지금까지 자신이 쌓아온 이미지에 먹칠을 하는 듯한 느낌이 들기 때문에 되도록 다른 사람에게는 들키고 싶지 않은 것이다. 그래서 친구를 비롯한 다른 사람을 만날 때는 일부러라도 즐거운 척을 하면서 아무런 문제가 없는 사람처럼 행동하게 된다.

심각한 고민이 있는 사람은 사실 마음속에서는 친구가 만나자고 해도 마음이 썩 내키지 않을 것이다. 바쁘다거나 다른 약속이 있다거나 하면서 차일피일 미루는 경우가 많고, 그것이 반복될수록 친구들도 더 이상 불러주지 않게 되고 만다. 그러나 이렇게 소극적인 태도로는 고민이 해결되지 않는다.

자신이 심각한 고민 때문에 힘들어하고 있다는 것을 알게 되면, 대부분의 친구들은 어떻게든 도와주려고 할 것이다. 물론 자신을 희생하면서까지 도와주지는 않을지라도 가능한 범위 내에서 최대한 도와주려고 노력할 것이 분명하다. 더구나 친구가 아니면 누구에게 그런 심각한 고민을 털어놓겠는가? 친구 앞에서는 폼을 잡아봐야 아무 의미가 없다. 친구 좋다는 게 무엇인가? 자기 자신을 완전히 드러내어 터놓고 이야기해보는 것이다.

친구에게 구체적인 도움을 받지 않아도 좋다. 고민을 털어놓는다는 것만으로도 다소 마음이 편해질 것이다. 해결책이 보이지 않을 수도 있으나, 진심으로 걱정해주는 친구가 있다는 것만으로도 기분은 훨씬 좋아진다.

그렇다고 친구에게 궁상을 떨거나 자신이 먼저 도와달라고 직접적인 언급을 하지 않는 게 예의다. 친구에게는 "내 고민 좀 들어줄래?" 정도의 마음으로 이야기하되, '구걸'을 하는 것은 바람직하지 않다. 예를 들어, "돈 좀 빌려줘"라든가 "물건 좀 사줄래?"라는 등 친구에게 직접적으로 부담을 주는 부탁을 해서는 안 된다. 친구를 잃어버리는 결과를 초래할 수 있기 때문이다.

반대로 당신이 어려운 사정을 듣는 친구의 입장이 된다면, 자기가 할 수 있는 범위 내에서 최선을 다해 도와주겠다는 자세를 취해야 한다. 고민을 말한 친구가 도움을 요청할 때 그 친구를 확실하게 도와줄 수 있는 방법이 생각나면 즉시 실행에 옮겨보도록 하자. 그러나 혹시라도 친구를 돕다가 자신마저 어려워질 가능성이 높거나, 도중에 포기해야 할 가능성이 높은 방법은 처음부터 고려하지 않는 것이 좋다. 서로 원수보다 못한 사이가 될 수도 있기 때문에 차라리 처음부터 거절하는 것이 현명한 방법이다.

또한 돈을 빌려주려면 돌려받지 않아도 되는 금액 정도만 빌려주어야 한다. 굳이 돌려주지 않아도 된다고 말할 필요는 없지만, 마음속으로는 빌려준다기보다는 '증여'한다고 생각할 필요가 있는 것이다. 특히, 돈이나 책을 빌려줄 때는 돌려받지 못할 각오를 해야 한다는 얘기다. 꼭 돌려받아야 하는 것이라면 처음부터 빌려주지 않는 것이 더 좋을 수도 있다.

상대가 자신 있어 하는 것을 칭찬하라

유행에 민감하게 옷을 차려입고, 예쁜 액세서리를 한 여성에게 색깔이나 옷이 잘 어울린다고 칭찬해보라. 단순히 예쁘다는 말보다 색과 분위기를 조화롭게 연출한 점에 대해서 칭찬을 하면, 그녀는 예쁘다는 칭찬과 센스 있다는 칭찬을 동시에 받는 것이다. 자기가 노력해서 만든 결과에 대해서는 누구라도 인정받고 싶은 욕구가 있고, 가능하다면 칭찬받고 싶어한다. 그건 여자나 남자나 마찬가지다.

한때 남자는 실력이 있으면 됐지 옷차림이나 모양내는 데는 전혀 신경 쓸 필요가 없다고 생각했다. 그렇게 표면적인 것에 관심을 갖는 것은 사내답지 못한 것으로 여겨 부끄러워해야 할 행동으로 생각했던 것이다.

그러나 겉모습에 무관심한 '척' 가장하는 사람도 보이지 않는 곳에서는 정성을 들여 머리에 빗질을 한다. 또한 중요한 회의 전에는 거울 앞에서 자신의 얼굴을 찬찬히 관찰하며 넥타이를 정확하게 고쳐 맨다. 얼핏 옷차림이 엉터리인 것처럼 보일지 몰라도 그 사람 나름대로는 신경을 써서 갖춘 것이다. 구깃구깃한 양복을 입고 있어도 액세서리 하나쯤은 신경 썼는지 모른다. 필기도

구에라도 공을 들였을지 모르고, 고급품은 아니지만 시계만이라도 자기가 대단히 마음에 들어하는 것인지도 모른다.

여자는 물론, 남자에게도 사람들에게 자랑할 만한 물건 또는 내심 멋을 표현할 만한 물건이 있을 수 있다. 그것이 무엇인지는 그 사람을 잘 관찰해보면 금방 알 수 있다. 이야기 한 마디 한 마디에 그가 흥미를 갖고 있는 것들이 드러나기 마련이다. 그걸 기억해두었다가 그것에 초점을 맞춰 칭찬해보는 것도 좋다. 자신이 득의양양해하는 부분을 칭찬해주면 상대도 기쁘게 생각할 것이다. 이와 동시에 칭찬해주는 상대가 자신을 관심 있게 보고 있음을 알게 되어 더욱 친근감을 느끼게 된다.

'친구 연락 캠페인 주간'을 만들어보자

멀리 떨어져 있는 친구는 좀처럼 만나기가 힘들다. 아니, 요즘은 가까이에 사는 친구도 얼굴 보기가 힘들다. 어떨 때는 '한번쯤 연락해볼까?'라고 생각하기도 하지만, 왠지 쉽게 실행에 옮겨지지 않는다. 1년에 한 번쯤 열리는 동창모임이나 OB모임 같은 어떤 특정한 계기가 있는 경우가 아니면 전화 한 통 못 하고 1년이 지나가기도 한다.

무엇인가를 시작하기 위해서는 그에 걸맞은 동기가 될 만한 상황을 일부러라도 만들어낼 필요가 있다. 자기 자신에게 동기부여를 하는 것이다.

'교통안전 캠페인'이라는 것이 있다. 그 캠페인 기간에는 TV, 라디오, 신문 등과 같은 언론 매체에서 캠페인 광고를 하고, 각 학교 등에서 학생들에게 교통법규나 주의사항 등을 전달한다. 평소에도 안전하게 다녀야 하지만, 일부러 기간을 설정해서 다시 한 번 상기시켜 더욱 안전하게 다닐 수 있도록 동기부여를 하는 것이다.

인간관계가 풍성한 사람의 비법 중 하나는 '친구 연락 캠페인 주간'을 만들어 실천하는 것이다. 이것은 전국 방방곡곡에 있는 자신의 옛날 친구와 연락을 취하는 주간이라 할 수 있다.

일단 비교적 한가한 주를 골라 친구와의 연락을 최우선 실행사항으로 한다. 귀가해서 술을 마시며 텔레비전을 보는 시간을 조금 줄여서 그동안 소홀했던 친구들에게 연락을 한다.

가까운 곳에 사는 친구와는 직접 만나는 것이 가장 좋다. 오랜만에 만나서 술도 한잔하면서 서로의 근황을 듣는 것이다. 만나지 못한다면 전화로라도 상대방의 안부를 물어보자. 혹시 전화를 받지 않는다면 이메일이나 휴대전화로 문자를 보내는 것도

좋다. 오랜만에 연락을 받은 친구는 처음에는 놀랄지도 모른다. 이런 일에 익숙하지 않기 때문에 혹시 물건을 팔러 오는 건 아닌가, 돈을 빌려달라고 하면 어쩌나, 등등 여러 가지 추측을 할지도 모른다. 그렇기 때문에 그냥 허심탄회하게 '친구 연락 캠페인 중'임을 밝히고 순수하게 목소리가 듣고 싶어서 전화했다고 말하자. 연락을 받은 친구는 '친구 연락 캠페인'이라는 말에 한번 웃게 되고, 전화를 끊은 후에도 친구의 순수한 우정에 흐뭇한 미소를 짓게 될 것이다.

새로운 친구를 사귀는 일에는 많은 시간과 에너지가 필요하지만 이전부터 알고 지내던 친구를 '찾아내는' 일은 그렇지 않다. 마음만 먹는다면 한 명의 친구를 통해 수십 명의 친구를 찾아낼 수도 있다. 특히, 마음을 열고 허심탄회하게 이야기할 수 있는 상대로 오래된 친구만큼 좋은 상대는 없다. 그런 귀중한 친구를 주위에 두고 활용하지 못한다는 것은 무척이나 안타까운 일이 아닐 수 없다. 우선 '친구 연락 캠페인'을 실시하고 내친김에 '우정의 단속 기간'도 정해보는 건 어떨까?

왠지 '귀여운 놈'이 되자

두뇌가 명석하면서 추진력이 강하고 결단력도 있어서 많은 사람들에게 칭찬과 신뢰를 받는 사람들이 있다. 그들은 자신에게 주어진 일에 대하여 적극적이고, 사안을 진지하게 대하며, 매사에 최선을 다한다. 일 처리 속도도 빠르고 그 업무 내용도 나무랄 데가 없는 데다 계속해서 적극적인 아이디어도 내놓아 상사로부터 업무에 관한 한 신뢰도 높고, 전도가 촉망되는 사람들이다. 오만한 곳도 없이 예의 바르게 행동하기 때문에 다른 사람에게 민폐를 끼치는 경우가 전혀 없다.

그러나 이런 사람들은 주변 사람 사이에서의 인기도에 있어선 약간 부족한 부분이 있다. 어떤 '가까이 다가가기 어려운' 분위기 때문에 쉽게 터놓고 친해지지 못하는 경향이 있는 것이다. 능력이 있으니까 뭐든지 혼자서 일을 처리하고, 사람들에게 상담을 한다든가 의견을 묻거나 듣는 일이 거의 없다. 너무 정직해서 의도적으로 사람을 칭찬하려는 일 같은 건 하지 않는다.

예를 들면 타인이 정보를 제공해주었을 때도 그걸 이미 자기가 알고 있는 경우가 많아서 "나도 알아"라고 해버리는 것이다. 일부러 정보를 전해주려던 사람 입장에서는 왠지 얄밉고, 다음에는 새로운 정보를 접해도 그 사람에게는 알려주고 싶지 않게 된다. 상사의 입장에서 보더라도 '귀여운 맛이 없다'고 느껴진다. 이런 사람일수록 배려를 익혀야 한다. 배려가 없는 무한 질주는 동료를 적으로 만들 가능성이 높고, 평범한 사람보다 더 많은 적을 만들 수 있기 때문이다.

벼는 익을수록 고개를 숙이는 법, 유능한 사람일수록 배려하려는 마음을 잃지 말아야 할 것이다. 유능하고도 배려심이 있는 사람들은 상사나 동료는 물론 후배에게도 귀 기울여 듣는 것을 게을리하지 않는다. 또한 물어보고 싶은 것이 있으면 서슴없이 상대에게 의견을 청한다. 그렇기 때문에 그들은 적을 만들기보다 상사로부터 귀여움을 받고 동료들 사이에서도 인기가 있는 사람이 될 수 있는 것이다.

그들은 "그렇군요" 또는 "역시 ○○씨는 대단해!"라는 감탄 섞인 동조의 말을 자주 쓰고, 비록 자신이 이미 알고 있는 것이라 해도 결코 안다고 내색하지 않고 아는 기색도 비치지 않는다. 가끔은 상사가 재치 있는 농담을 하거나, 훌륭한 의견을 제시했을 경우 "정말 대단하세요!"라든가 "아직 저는 흉내도 못 내겠네요"라고 너스레도 떨 줄 안다. 타이밍을 맞춰서 사람을 치켜세워주는 센스도 갖추고 있는 것이다.

상대방을 칭찬하는 경우에는 겉치레 인사가 아닌 겸허한 태도를 취해야 한다. 상대의 재치 있는 말이나 의견에 대해 솔직하게 반응하면서도, 자신과 비교하거나 경쟁의식에 휘말리지 않을 수 있다. 상사로서도 약간은 낯간지럽다고 생각되는 말이지만, 사람들에게 감사하다는 말을 들으면 기쁜 건 당연하다. 자신을 상사로서 높여주고, 자신이 한 일에 관심을 가져주고, 그 관심을 표현해준다는 점에서 깊은 인상을 받게 되는 것이다.

이런 사람들은 '귀여운 놈'이라는 생각이 들면서 돌보아주려는 마음이 든다. 편애해서는 안 되겠지만 능력이 비슷한데 어쩔 수 없이 어느 쪽인가를 선택해야 하는 기로에 서 있는 경우라면, 아무래도 평소에 정이 가는 사람을 선택하는 것이 당연한 일이 아닐까?

이메일과 문자에도 배려가 있다

생활 속에서 이메일이나 휴대전화 문자 보내기가 갖는 비중과 의미는 점점 더 커지고 있다. 이 두 가지는 커뮤니케이션을 보다 신속하고 정확하게 해줄 뿐 아니라, 간편하게 했다는 것에 의미가 있다. 글로 편지를 쓰게 되면 우체통이나 우체국까지 가야 하는 불편함이 있고, 전화는 자료나 글이 남지 않기 때문에 나중에 다시 확인할 수 없는 불편함이 있다. 물론 얼굴을 맞대고 이야기할 수 있다면, 작은 몸짓이나 표정에서 읽을 수 있는 행간의 의미까지도 전달할 수 있기 때문에 가장 좋지만, 서로의 시간을 맞추기가 쉽지 않다. 전화 또한 부재중이면 받을 수 없기는 마찬가지다.

그래서 이메일이나 휴대전화 문자의 '간편함'이 더욱 빛을 발한다. 자기가 편한 시간에 메시지를 보내놓을 수 있고, 글로 쓰는 것과 달리 쉽게 수정할 수 있다. 상대방 또한 자신이 시간이

날 때, 여유가 생길 때 읽어보면 된다. 바로 답장을 보내주면 좋지만, 상황이 따라주지 않는다면 귀가 후에 보내도 큰 지장은 없다.

전화의 경우에는 표현이 약간 이상하게 전달되거나, 급한 마음에 본의 아니게 자신의 뜻과 다른 말을 해버리고 나면 수습할 수가 없다. 일단 입 밖으로 나간 말은 주워 담을 수가 없는 것이다. 그러나 이메일이나 휴대전화 문자의 경우는 써놓은 것을 적어도 한번쯤 다시 읽어볼 수 있는 기회가 있고 수정하기도 쉽다. 어떤 경우에는 자동으로 문법 체크까지 해주고 버튼 하나만 누르면 즉시 발신이 되기 때문에 편리하다. 사무적인 통신에는 실로 간편하고 효율적인 수단인 셈이다.

그러나 간편하기 때문에 더욱 조심해야 하는 부분이 있다. 특히 친한 사이일수록 더욱 신경 써야 하는 에티켓이 있는 것이다.

우선, 쉽고 가볍게 할 수 있다고 해서 마음 편하게 이용해서는 안 된다는 대원칙을 잊지 말자. 친한 친구 사이라면 서로 일상에 대해 잘 알고 있다. 상대가 시간이 많다고 생각한다면 긴 내용의 글이라도 상관없지만, 바쁜 사람에게 그것도 바쁜 시간대에 휴대전화 문자 등을 남발하는 일은 피해야 한다. 메시지를 받은 사람은 친한 사이일수록 '빨리 답장을 해주고 싶다'는 생각을 하게 되는데, 회사 일로 어쩔 수 없이 답장을 보내지 못하면 자신도 모르게 초조하게 되고, 심지어는 회사 일에 집중하지 못하는 경우도 생길 수 있다. 혹, 회의 중에 울리는 휴대전화 소리에 꾸중을 듣게 될 수도 있는 것이다.

또한 간편하다고 한꺼번에 함부로 '흩뿌려서'는 안 된다. 여러 명에게 동시에 같은 내용을 적어 보내야 하는 경우가 생기더라도, 되도록이면 한 사람 한 사람에게 보내는 것이 원칙이다. 모임

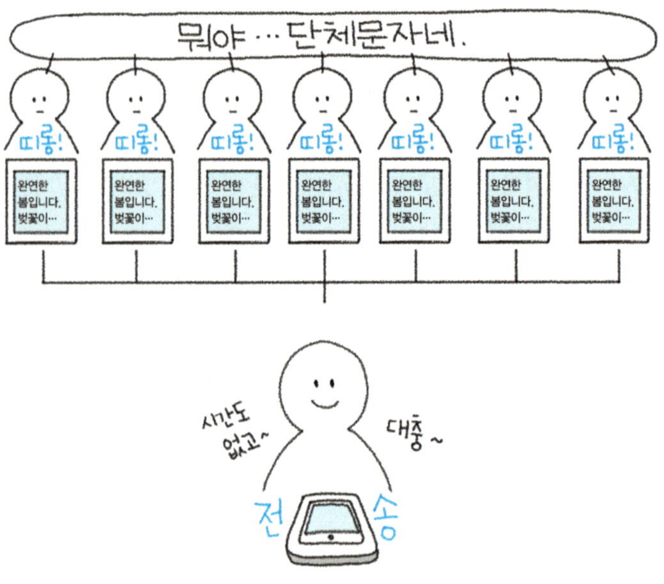

연락이거나 친구의 결혼식 등 극히 사무적이고 의례적인 사안인 경우에는 여러 명에게 한꺼번에 보내도 괜찮지만, 개인적인 일을 여러 사람에게 동시에 흩뿌리게 되면 성의도 없고, 특별한 느낌도 없고, 무엇보다 인간미가 느껴지지 않는다.

최대한 간결하고 정확하게 내용을 전달하도록 노력하자. 훌륭한 광고의 카피 문구같이 간결하면서도 내용이 확실한 이메일을 받으면 기분이 상쾌해진다. 요즘은 이메일을 읽는 것에도 상당한 스트레스를 느끼는 사람이 늘고 있다고 한다. 수많은 스팸 메일과 광고성 메일에 시달려야 하고, 회사에 가면 대부분의 업무가 이메일을 확인하는 것으로 시작해서 이메일로 답변하는 것으로 끝나기도 한다. 이렇게 많은 메일에 시달려야 하는 친구에게 길고 장황하지만 요점이 없는 메일을 보내는 것은 친구를 괴롭히는 결과가 될 수도 있다.

절대 맞장구치면 안 되는 것도 있다

친구가 자신의 가족에 대한 험담을 할 때에는 신중하게 반응해야 한다. 예를 들어 "우리 집 딸아이는 돈을 먹는 벌레 같아. 비싼 등록금을 내고 학교에 다니는 데다 명품을 계속 사서 몸에 걸치고 다닌다"라고 했을 때, 말 그대로 딸을 비난하는 것으로 해석해서는 안 된다는 것이다. 마음속으로는 자신이 어느 정도의 돈을 벌어 딸에게 호화로운 생활을 시킬 수 있으며, 딸이 명문대학을 다니고 있다는 것 등을 은근히 자랑하려는 것인지도 모르기 때문이다. 그럴 때는 질끈 눈감고 자랑하려는 점을 알아차려 부러워하는 듯한 태도를 보이는 것이 예의다.

상대방의 말만 듣고 "요즘 여자애들은 어릴 적부터 명품만 좋아해서 큰일이야. 어떤 애들은 한 달에 몇천만 원씩 쓰다가 결국 술집 나간다더라고"라고 말한다면 상대방은 모욕을 당한 기분이 들 수도 있다. 상대방의 표현 속에 숨어 있는 진의를 파악하여 그 점에 초점을 맞추어 대응할 필요가 있다.

또한 자기 형제에 대해 대놓고 험담하는 경우도 있다. "형제지만 아주 치사한 짓만 한다. 부모의 재산은 가능한 한 혼자 차지하려 하면서 부모는 절대 모시려 하지 않고, 다른 형제에게 미뤄버려" 등의 말이 그런 것이다. 부모의 재산이 있다는 점을 자랑하려고 하는지는 모르겠으나, 이런 경우에는 "그거 참 어렵게 됐네"라고 친구를 동정하는 형태로 의견을 피력하는 선에서 끝맺는 것이 좋다. 굳이 그 형제를 같이 욕할 필요까지는 없다. 혹시 상대방이 "정말 못된 형이지?" 하고 물어본다면 "그러네" 정도로 가볍게 대꾸하는 것이 현명한 방법이다.

일반적으로, 상대가 말한 가족의 험담에 대해 적극적으로 긍정의 뜻을 나타낸다면, 마치 처음부터 상대가 먼저 험담을 했다고 후에 오해를 받을 수도 있다. 남의 말에 가벼운 기분으로 같이 흥분해서 열변을 토한다는 것은 상당히 위험한 일이다. 부정해야 할 때에는 확실하게 부정하고, 판단이 서지 않을 때는 애매한 대답으로 말을 흐리는 것이 좋다.

더욱이 다른 사람이 가족의 험담을 하는 것은 정말 피하는 것이 좋다. 자신이 다른 사람의 가족에 관해서 험담하는 것도 피해야 하지만, 다른 사람이 또 다른 사람의 가족을 험담하는 것도 되도록이면 듣지도 호응하지도 말아야 한다. 이야기하는 다른 사람도 이상한 사람으로 느껴지지만, 자신도 모르게 그 험담의 대상인 또 다른 사람의 가족에 대해서도 선입견을 가지고 대하게 되기 때문이다. 또한 '피가 물보다 진하다'고 가족 간의 싸움은 일시적인 싸움으로 끝나는 경우도 많기 때문에 더욱 조심하는 것이 좋다.

무엇보다 조심해야 하는 것은 부부싸움이다. 부부의 어느 한쪽이 상대방에 관하여 갖은 악담을 다 해도, 울면서 동의를 구

해도, 당장 잡아먹을 듯 치를 떨어도, 절대로 동조해서는 안 된다. 되도록 "그 정도면 좋은 거야" "더 좋은 점도 있잖아" 정도의 일반적인 의견을 제시하는 선에서 마무리해야만 한다. 부부싸움은 그야말로 '칼로 물 베기'이기 때문이다.

알고 있는 이야기도 모르는 척하는 센스

어떤 사람들은 이야기를 할 때 말을 자르면서 먼저 결과를 이야기하기도 한다.

예를 들어 어떤 친구가 자신이 얼마 전에 겪은 이야기를 시작했다. "지난번에 KTX를 타고 내 좌석에 가서 앉으려고 했더니 다른 사람이 앉아 있는 거야. 근데, 그 사람이 자기 자리라면서 차표를 보여주는데, 같은 번호인 거야"라고 막 재미있게 이야기를 하려는데, 옆에서 "열차번호가 다른가 보네"라면서 말을 끊는다.

정답을 맞혔다고 생각하는 본인은 기분이 좋을지 모르지만 이야기를 시작한 사람 입장에서는 김이 빠지고 분위기는 어색해진다. 서서히 재미있게 이야기하려고 했는데 즐거움을 새치기 당한 느낌이 들어 기분이 그다지 좋을 리 없다. "처음에는 표를 이중으로 발행한 줄 알았다"는 이야기도 하려고 생각했는데 이야기의

흐름이 끊기다 보니 이야기를 할 기분도, 타이밍도 놓쳐버린 것
이다. 말참견을 한 사람의 추측이 혹시 맞지 않았다 해도 이야
기하는 사람이 의도했던 이야기의 흐름은 변한다. "열차번호를
확인해도 똑같기에 승무원에게 확인해봤더니 날짜가 다르더라"
라는 반전이 숨어 있었는데도, 별로 재미없는 결말이 되어버리
는 것이다.

옆에서 듣고 있던 사람들도 김이 샌다. 그냥 듣고 있었으면 재
미있었을지도 모르는 반전이 전혀 재미없게 느껴지기 때문이다.
그쯤 되면 말을 끊은 사람도 금세 분위기를 파악하고 미안해진

다. 자신의 한 마디 때문에 이야기하던 사람도, 듣던 사람도 시들해져버린 것이다.

자신이 이미 답을 알 것 같은 경우에, 특히 이야기의 시작과 끝을 정확히 알고 있는 경우에는 더욱더, 이야기의 다음 부분을 먼저 말해서는 안 된다. 마치 봤던 영화의 결말을 친구에게 가르쳐주지 않듯 아는 이야기라도 먼저 말하지 않는 것이 좋다. 묵묵히 듣고 있거나, 오히려 "그래서 어떻게 됐어?"라고 물어 이야기를 풀어나갈 수 있도록 도와주는 것이 배려할 줄 아는 사람의 태도다.

다른 사람이 이야기를 할 때 끼어들어 상대의 말을 방해하는 것만으로도 매너는 빵점이라고 할 수 있는데, 더군다나 결말까지 빼앗아버리려고 한다면 상대방이 불쾌감을 느끼는 것은 너무나 명백한 일이다. 다른 사람이 재미있는 이야기를 하려 하면 그 사람의 '독주회'라고 생각하고 귀를 기울이자. 상대방은 나를 재미있게 해주려고 열심히 이야기를 풀어놓고 있으니 그 마음이 고마워서라도 끝까지 듣고 재미있어하자. 그것이 그 사람을 기쁘게 해주는 배려이다.

배려하는 사람은 이야기하는 사람을 주인공으로 만든다. 자신이 주인공이 되고자 이야기를 끊어버리고 이야기하는 사람을 조연으로 밀어 떨어뜨리는 짓은 하지 말자. 상대방을 주인공으로 만들고 자신은 빛나는 조연 역할을 해보는 것이다. 또는 숨은 공로자가 되는 것도 기분 좋은 일이 아닌가?

상대방이 더욱 신나게 이야기를 끌어갈 수 있도록 적당한 타이밍에 질문도 섞어가며 맞장구를 쳐준다면 그는 당신을 자기편으로 생각할 것이다. 예를 들자면, 앞에서 언급한 KTX의 이야기로 돌아가서 "날짜가 다르더라"고 말했을 때 바로 "누구 표가 틀렸어요?"라고 묻는다. 의문형이기 때문에 이야기의 큰 흐름을 단절시키는 것도 아니고, 긴장감이 최고조에 달했을 때에 이야기하는 사람이 "틀린 건 나였어"라고 하면 웃음바다가 될 것이 틀림없다.

불쾌한 사과 방법, 시원한 사과 방법

사과를 할 때는 머리를 숙이지 않으면 안 된다. 그러나 그것을 '굴복'의 의미로 생각하고 어떻게 하든지 사과를 피하려고 하는 사람들이 많다. 그래서 여러 이유를 대며 자기는 잘못하지 않았다는 것을 증명하려고 한다. 자기 외에 잘못했다고 생각되는 사람이 있으면 그 사람에게 죄를 뒤집어씌우려고까지 한다. 자기가 잘못했다고는 절대로 인정하려 하지 않는 것이다.

그러나 사고가 발생한 경위를 되짚어 분석을 한 후에 무리하게 억지를 쓰며 자신을 정당화하는 것은 상당한 에너지가 필요한 작업이다. 자기가 잘못을 했다는 사실을 다른 사람들이 전부 알고 있고, 자신도 알기 때문에 주위 사람들의 비난하는 듯한 눈초리에 자신이 드러나 있는 점도 충분히 인식하고 있다. 그래서 주위의 시선을 견디기 위해 무의식적으로 상당히 에너지를 소모시키고 있을 것임이 틀림없다.

자신이 잘못을 했다면 스스로 "내가 잘못했다"라고 인정하고 곧바로 사과해야 한다. 자기가 잘못을 했는지 안 했는지 세세한 점까지 따질 필요는 전혀 없다. 시간과 에너지의 낭비일 뿐이다. 주위 사람들은 겉으로는 그렇지 않은 것 같지만, 마음속으로는 '어떻게 사과하려나?' 하고 생각하며 그 사람의 행동을 살피고 있다는 것을 잊지 말아야 한다.

깨끗한 사과 방법은 사람들에게 산뜻한 느낌을 던져준다. 진심으로 솔직하게 사과한다면 상대방도 솔직하게 용서할 수밖에 없다. 상대방이 쉽게 용서할 수 없을 만큼 화가 나 있다면, 한층 더 고개를 숙여서 사과해보자. 솔직하게 받아들이고 진심으로 사과하는 사람 앞에서 대부분의 사람들은 용서를 하게 될 것이다. 만약 수많은 사과 표현에도 불구하고, 상대방이 계속 당신에게 큰소리로 화를 내고 있다면, 이미 주위 사람들의 시선은 그 상대방에게로 향하고 있을 것이다.

물론, 머리를 숙이고 사과만 한다고 끝나는 것은 아니다. 자신의 잘못을 만회하려 하거나, 다른 방법으로라도 보상을 해야 한다는 마음가짐이 필요하다. 예를 들어, 자신의 잘못으로 일이 늦어졌다면 야근이나 휴일 출근을 해서라도 해결하려는 행동이 뒤따라야 한다는 사실도 잊지 말아야 한다.

4

배려의 말이
강한 리더십을 만든다

고래를 춤추게 하는 칭찬은 따로 있다

어린아이는 꾸짖기보다는 칭찬해주며 키우라고 한다. 어린아이는 순수하다. 칭찬해주면 무조건 기뻐하고, 칭찬받은 일을 반복하여 또 칭찬받으려 한다.

어른에게는 경계심이 있어 '칭찬하는 사람에게는 뭔가 딴 마음이 있지 않을까?' '들은 대로 기뻐하면 가볍게 보이지는 않을까?' 등 여러 가지 일을 생각해서 순수하게 기뻐하지 못할 수도 있다. 그러나 칭찬을 받으면 적어도 속으로는 기뻐한다. 기쁘지 않은 척하거나 화제를 바꾸어 숨기려 하는 것은 겸연쩍기 때문이다. 말하자면, '기뻐서 창피한' 상태인 것이다.

배려심이 있는 사람은 사람들이 칭찬을 받으면 얼마나 고맙고 즐거워하는지 잘 안다. 그래서 그들은 칭찬해야 할 일이라면 때와 장소를 가리지 않고, 주저 없이 칭찬을 한다. 그때 그 장소에서 바로 칭찬하는 것이 가장 효과적이기 때문에 칭찬의 순간을 놓치지 않는다.

회사에서 부하가 열심히 일을 할 수 있도록 동기부여를 하는 방법으로 승진도 효과가 있지만, 바로 칭찬하는 것도 그에 못지않게 효과가 있음을 잊지 말자. 칭찬하는 데는 돈이 안 든다는 것을 기억하자. 칭찬은 무조건 좋다고 극단적인 표현을 하는 사람도 있으나 진리임엔 틀림없다.

한편 칭찬을 할 때는 남들 앞에서 하는 게 좋다. 가능한 한 모두가 알 수 있도록 칭찬하는 것이다. 그러나 공개적으로 칭찬하는 경우, 상대방을 너무 치켜세워서 다른 구성원들에게 질투를 받게 만들어서는 안 된다. "훌륭한 보고였어"라든가 "그 아이디어로 결과가 좋았어"라든가 "이번 계약으로 당초 목표가 달성됐다"라는 등 '사람'에 대한 평가가 아니라, '업무'에 대한 평가를 해야 한다. 그리고 부하의 입에서 "도움이 되어 기쁩니다"라는 답이 나올 수 있는 칭찬이 제일 좋다.

무엇보다 칭찬할 때 주의하지 않으면 안 되는 것은 공평한 입장에 서는 일이다. 약간이라도 공평하지 않게 되면 칭찬받지 못한 사람들은 반발심이 생긴다. 그러면 칭찬받은 사람도 다른 사람으로부터 원망의 소리를 듣게 된다. 이런 상황이 되는 게 겁나서 함부로 사람을 칭찬하지 않는 게 속 편하다고 하는 사람까지 있을 정도다. 그렇기 때문에 더욱 공평함을 잃지 말아야 한다. 아무리 훌륭한 기법이라도 사용을 잘못하면 마이너스 효과가 온다. 그러나 그것을 겁내서 사용하지 않는 건 보물을 가지고도 썩히는 것과 같다. 구더기가 무서워서 장 못 담그는 일은 없어야 한다.

최고의 칭찬은 함께 기뻐하기

사람이 훌륭한 업적을 세우게 되면 모두 입을 모아 칭찬한다. 자신과 가까우면 가까울수록 칭찬도 기쁨도 훨씬 커진다. 그러나 약간의 부러움과 질투심이 함께 드는 건 사실이다. 사촌이 땅을 사면 배가 아프다는 속담에서도 알 수 있듯이 고금을 막론하고 아주 친한 친지나 형제자매 또는 부부나 친구 간에도 가끔 생기는 심리이다. 따라서 훌륭한 업적을 남긴 사람에 대하여 겉으로 박수를 보내는 사람일지라도 마음속으로는 복잡한 심리적 갈등에 시달리고 있는지도 모른다.

같은 회사 내에서는 모두 협력관계이자 동일한 이해관계이지만 동시에 경쟁관계이기도 하다. 따라서 부하가 공을 세워도 상사는 아무렇지 않게 기뻐할 수만은 없을 것이다.

배려심 있는 상사는 부하의 공은 곧 상사의 공이기도 하다는 것을 안다. 따라서 말없이 있으면 자신도 칭찬받게 되므로 부하에게 박수를 보내며 숙연하게 기다린다. 또한 "위에서 잘 이끌어주셔서 훌륭한 일을 할 수 있었다"라고 부하가 고마움을 전해도 "모든 게 자네의 능력과 노력의 결실이다"라고 하며 공을 100퍼센트 부하의 몫으로 돌려준다. 그런 상사는 늘 자신보다 부하를 주인공으로 만들며 남의 눈에 띄지 않는 태도를 견지한다.

부하가 칭찬받을 만한 업적을 올렸을 때는 말로만 칭찬하지 말고 뭔가 기념이 될 만한 일을 해보는 것도 좋다. 축하 선물이라면 고급스러운 필기도구 등 일과 직접적인 관계가 있는 것이 가장 좋다. 또 부하 및 그 동료들을 모아 간단한 축하의 자리를 마련해도 좋다. 마음으로부터 기뻐하는 감정을 그 자리에서 전해주는 것이 필요하다. 바쁘다는 핑계로 한참 있다가 축하해줘서는 '기쁘다'는 뜨거운 감정이 전해지지 않는다.

여기서 주의할 점이 하나 있다. 자신의 사비로 축하의 자리를 마련해야 한다는 점이다. 회사에서 주는 비용으로 축하 자리를 마련하면 업적과 함께 따르는 당연한 포상으로 여기기 때문에 자신의 진심을 전하기 위해서는 사비를 이용하는 것이 좋다.

칭찬의 시작은 '고마워요'라고 말하는 것

비즈니스 세계에서는 어떤 방법을 이용하여 일을 효율적으로 해나갈 것인가가 커다란 테마다. 물론 불필요한 부분을 생략하고 사무적이고 효율적으로 하나씩 하나씩 일을 처리해나가는 것이 기본이다. 그러나 기본에 너무 충실하다 보면 그 안에서 움직이고 있는 인간의 감정을 잊어버리게 되고 만다. 출근시간부터 퇴근시간까지 열심히 일을 하는 것이 당연하다고는 하지만, 무미건조하고 사무적인 일의 반복은 일의 효율마저 떨어뜨릴 수도 있다.

그래서 배려할 줄 아는 상사는 직장생활 속에 '인간성'을 윤활유로 주입하는 것을 게을리하지 않는다.

매일 주입해줄 수 있는 '인간성'의 윤활유는 바로 "수고했어"라는 말이다. 퇴근할 때 부하에게 "수고했어, 오늘 바빴지?" 정도의 말을 해주면 듣는 사람 입장에서는 마음이 편안해진다. 직장에서 일을 하는 것은 당연하지만 말이라도 감사의 뜻을 표현해주는 것이다.

또 하나의 윤활유로 제일 간단하고 편리한 말인 "고마워요"라는 표현이 있다. 상대방이 부하라고 하더라도, 뭐든 타인에게 도움을 받았다면 "고마워요"라고 말하자. 다 만들어진 서류를 가지고 오거나, 메모를 전달받는 등의 아주 간단한 일이라도 나를 위해서 해준 것이라면 꼭 상대가 한 일을 인정하고 그에 대해 감사의 마음을 표현한다. "고마워요"라는 말 뒤에 "빨리 만들어줘서

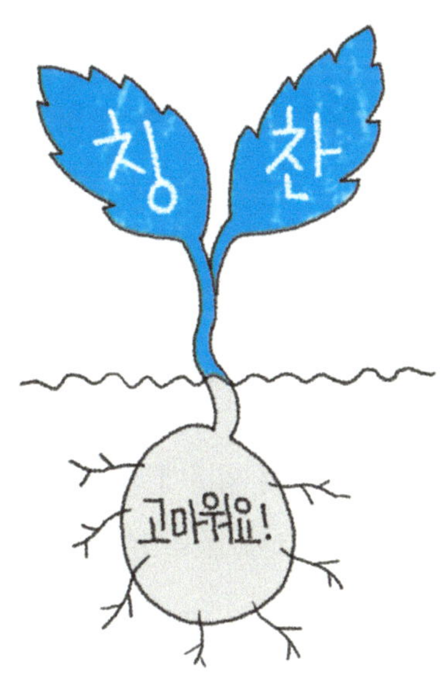

큰 도움이 되었어"라든가 "이건 곧 쓸모가 있을 듯해. 고마워" 등의 뭔가 감사의 이유를 붙이면 더욱 효과적이 된다.

어린아이로부터 뭔가 받았을 때 씽긋 웃으며 "고마워요"라고 하면 아이는 동일한 행동을 질리지 않고 몇 번이라도 기쁘게 반복한다. 자신이 한 일이 다른 사람에게 도움이 되었다는 사실이 기뻐서 어쩔 줄 모르는 것이다. 어른이 되어도 이런 성향은 어느 정도 남아 있다. 사람이 기뻐해주는 일은 스스로 하고 싶다고 생각한다. 자신이 한 일에 대해 상대가 고마워하는지 어떤지 모르면 해보려는 생각을 잃어버리고 마는 것이다.

사람에게서 어떤 도움을 받았고, 다시 도움을 받고 싶을 때도 "고마워요"라는 말을 잊지 말아야 하며, 직장의 생기를 유지하는 데도 "고마워요"라는 말은 잊지 말아야 할 것이다.

때로는 훈계도 칭찬으로

응접실이나 회의실은 언제든지 손님이 와도 좋도록 깨끗하게 해놓아야 한다. 방문한 곳의 입구에서 손님을 기다리게 하거나 앞 손님이 마신 그릇 등을 당황해서 치우는 것을 보게 되면 누구나 불쾌해질 수 있다. 손님 맞을 방을 깨끗이 해두고 '기다렸습니다'라는 태도를 보여주는 것이 중요하다는 것은 모두 알고 있을 것이다. 그러나 아침부터 밤까지 바쁘게 움직이다 보면 손이 미치지 못하는 경우가 생기기 마련이다. 누군가의 작은 관심이 필요한 것이다.

배려할 줄 아는 상사는 일일이 훈계하는 것을 피한다. 오히려 격려할 수 있는 타이밍을 찾는 데 능하다.

가끔 아침부터 계속해서 상사를 찾는 손님이 줄을 잇는 날이 있다. 그러면 스케줄이 꽉 찬 상사를 대신해 부하가 대신 신경을 쓴다. 손님이 돌아간 후, 즉시 부하는 테이블 위를 닦고, 의자도 잘 정렬해놓는다. 급한 일이 있어도 손님이 돌아가면 즉시 하던 일을 중지하고 다음 손님을 대비해서 회의실 정리를 우선한다. 그럼 그날 상사는 기분이 좋아질 수밖에 없다. "손님이 계속 왔는데도 불구하고 회의실이 깨끗해서 기분이 상쾌했네"라고 말하며 고마움을 전하게 된다.

실제로는 계속해서 손님이 왔기 때문에 그렇게 할 수밖에 없는 것이었지만 그런 식으로 감사를 받으면 부하도 기쁠 것이다. '앞으로도 항상 깨끗이 해서 기뻐할 수 있게 해야지'라며 다시 한 번 마음먹게 된다.

만약 상사가 빈정대며 "늘 회의실이 더러웠는데, 오늘은 해가

서쪽에서 뜨겠구먼"이라고 말했다면 부하의 반응은 어땠을까. "언제나 오늘처럼 할 수는 없을걸요"라는 식의 불만 섞인 답이 돌아왔을 것이다.

자잘하고 쉽게 손이 안 가는 일은 일일이 훈계를 거듭하기보다 특별히 신경 썼거나, 일이 잘 처리된 타이밍에 적절한 칭찬을 하는 것이 더욱 효과적이다. 물론, 이때도 빈정거리는 투로 말을 하면 부하는 방어 자세가 되어 자신을 지키려고 한다는 것을 잊지 말아야 한다.

부하에게 신뢰를 주는 가장 좋은 방법

'보고'라는 단어에는 '밑에서 위로'라는 뉘앙스가 있다. 보고는 일의 내용이나 조사한 것에 관하여 그 진행 상황이나 결과 등을 설명하는 것이지만 부하가 상사에게 하는 것이 일반적이다. 상사 자신이 기획이나 조사 등 구체적인 작업을 하는 일도 있으나, 그럴 때는 '보고'라고 하지 않는 게 보통이다. '참고로 알려준다'든가 '가르쳐준다' 등으로 표현한다.

따라서 상사로부터 보고할 일이 있다고 들으면 부하로서는 꽤나 놀라게 된다. 자신에게 경의를 표해주는 느낌이 들기 때문에 상당히 기분이 좋아진다. 일부러 정보를 받았다는 것만으로도 감사하는 마음이 된다. 게다가 자신을 세워주는 말투를 듣게 되니 더욱 노력해야겠다는 마음이 생긴다.

이와 같이 부하의 기분을 존중하는 상사는 의견을 들을 때도 "이 건에 대한 의견이 없나?"라든가 "좋은 아이디어는 없어?" 등으로는 물어보지 않는다. '없나?' '없어?' 등의 부정형 의문은 반어적 뉘앙스로 들리기 쉬워서, '의견에 아이디어가 들어 있다고 할 수 없다'로 들릴 수 있다. 그건 부하의 능력을 믿고 있지 않다는 것이 되고 또한 적극적으로 부하를 의사결정에 참여시키려는 의사가 없음을 나타내는 것으로 전달되기 쉽다. 이와 같이 물어

보면, 부하는 무리해서 의견을 말할 필요가 없고 특정 아이디어를 짜내지 않아도 된다고 생각한다. 묵묵히 목을 옆으로 젓기만 해도 아무 지장이 없다고 생각될 것이다.

　부하와 같이 일을 할 때 배려하는 자세를 갖춘 상사는 우선 "자네의 지혜를 빌리려 하는데"라는 말로 부하에게 대화를 건넨다. "지혜를 빌리고 싶다"는 말을 들으면 어떻게 해서든 기대에 부응하고자 지혜를 짜내서 생각하지 않을 수 없다. 부담은 생기지만 '즐거운 부담'이 되는 것이다. '신뢰받고 있다'는 믿음이 스스로에게 격려가 된다.

　상사로서는 부하의 능력을 최대한 끌어내는 것이 중요하다. 부하를 자신보다 아랫사람이라고 무시하면 부하는 최소한의 노력밖에 하려고 하지 않는다. 또한 부하를 필요 이상 부추기려 하면 역으로 그 의도가 뻔히 보이기 때문에 바보 취급받기 딱 좋다.

　중요한 것은 부하를 신뢰하는 사람, 능력 있는 사람으로 취급하면서, 자신과 비슷한 위치에 있는 사람으로 대하고 있다고 생각하게끔 하는 것이다.

　부하에게 뭔가를 이야기하려 할 때는 자신의 상사나 동료에게도 동일한 말투를 사용하는지 잘 생각해보자. 부하에게만 쓰는 말투를 사용한다면 그런 표현 방법을 버리고 다른 사람에게 쓰고 있는 동일한 말투로 바꾸어볼 일이다.

부하의 요구엔 많은 정보가 들어 있다

요즘은 상사를 모시는 것이 아니라 '부하님'을 떠받들어야 하는 시대인 듯하다. 어찌된 영문인지 요즘의 부하들은 상사에게 여러 가지 새로운 것들을 요구하는데, 어떤 경우에는 도무지 말도 안 되는 것을 요구하기도 한다. 특히, 상사가 젊은 시절에는 도저히 상상조차 할 수 없었던 요구를 해오니 회사를 학교라고 생각하는 건지, 너무 편해서 그러는 건지 도무지 알 수 없는 경우도 있다. 가끔은 회사를 위하는 진심 어린 의견도 있지만, 대부분 개인적인 욕구를 회사를 통해 충족시키고자 하는 것같이 느껴져서 상사로서는 그 자리에서 'No'라고 답하고 싶어지는 것들도 많다.

그러나 부하가 요청하는 것은 여하튼 회사와 전혀 관계없는 것은 아니기 때문에, 일단은 주의 깊게 경청해보는 게 좋다. 아랫사람의 요청이라기보다 회사에 대한 '제안'이라고 생각하고 태도를 바꿔 진지하게 들어보자. 부하의 제안이 아무리 불합리하다고 생각해도 끈질기게 그 이유를 캐물어보자. 부하 역시 나름대로의 사고방식이 있을 것이고, 가만히 들어보면 회사를 위한 어떤 힌트가 들어 있을지도 모른다.

그러다 보면, 상사가 전혀 모르는 정보가 이야기 중에서 틀림없이 나타나게 되어 있다. 상사가 불합리하다고 생각하게 되는 이유는 어떤 정보를 공유하고 있지 않기 때문이다. 부하의 요청이든 제안이든 일단은 기막힌 사내 정보가 있다고 생각하는 것이 좋다. 상사로서는 알 수 없는 신입사원 간의 갈등도 있을 수 있고, 그 외에 심각한 사내 문제를 빨리 알아차릴 수도 있다. 또한 언뜻 들으면 말도 안 되는 것 같은 의견도, 아니 말도 안 되는 의견일수록 다른 회사가 생각지도 못하는 새로운 아이디어가 될 수도 있는 것이다.

코페르니쿠스의 지동설도 당시에는 말도 안 되는 소리였으며, 너무나도 엉뚱해 보이는 트로이의 목마도 결국은 승리를 가져다주었다. 굳이 역사 속의 이야기가 아니더라도, 불과 30년 전만 해도 아무도 상상하지 못했던 인터넷과 1990년대만 해도 세계에 몇 대 안 되는 슈퍼컴퓨터급의 80기가바이트 하드를 가진 컴퓨터 등은 이제 가정에서 우리가 너무나도 당연하게 사용하는 것들이다.

우리가 따라갈 수 없을 만큼 세상은 빨리 변하고 있다. 그런 변화에 민감하게 반응하고 조금은 다른 방식으로 사물에 접근하는 젊은이들의 의견을 쓸데없는 의견으로 치부하지 말고, 보석 같은 제안이라고 생각하고 주의 깊게 듣고 생각해보는 배려를 해보자. 새로운 길이 열릴 수도 있을 것이다.

유쾌한 꾸지람도 있다

아이들을 교육한다는 것은 참으로 어렵다. 나쁜 짓을 했을 때 단순히 꾸짖기만 하면 금세 위축돼버려 아이들만의 활발함을 잃고 풀이 죽어버린다. 반대로, 꾸짖지 않고 두면 선악의 구별도 못하는 버릇없는 사람으로 자라나게 된다. 적절한 시기에 현명하게 꾸짖고, 균형을 잡아 키우지 않으면 안 된다.

업무에 있어서 '꾸지람'을 하는 것도 아이들을 키우는 것과 별반 다르지 않다. 다만 아이들의 경우와 다른 건 성인이라 어느 정도 선악이 구별된다는 것이다. 업무의 경우에도 허용되지 않는 일을 했을 때, 본인이 그 일을 알지 못한다면 분명히 잘못된 것임을 알리고 구별할 수 있게 지적해야 한다. 그러나 대부분의 경우 틀리게 일을 했을 때, 본인 스스로 나쁜 일을 했다는 자각이 있고, 이때 '두 번 다시 실수하지 말아야지' 하고 반성하는 것이 확실하다면 일부러 꾸짖을 필요는 없다. 다만, 반성하고 있는 것이 확실할 때, 그것으로 일이 다 끝났다고 생각해서는 안 되기 때문에 잘못된 내용에 따라서는 신중하게 주의를 줄 필요가 있다.

이때 주의할 점은 꾸짖어 책임을 추궁하면 오히려 반항적이 되기도 하고, 원망하는 소리만 듣게 되기 때문에 신경 써서 말해야 한다는 것이다.

꾸짖을 때 잊어버려서는 안 되는 것은 '사람'이 아니고 잘못을 했다는 '사실'에 초점을 맞추는 것이다. '꾸짖다'라는 건 잘못을 저지른 것에 대한 벌이지만, 그것보다도 중요한 것은 장래에 대한 교훈 내지는 대책이라는 점이다. '사람'에 초점을 맞추어 꾸짖으면 어떻게 해서든지 잘못으로부터 벗어나려는 의식이 작용하기 때문에 잘못에 대한 원인 규명이 소홀해진다. 또한 잘못을 했으니까 당연하다고는 하지만 본인도 체면이 서지 않는다. 그래서 꾸짖을 때는 '잘못'이라는 사실에 초점을 맞추어 그 원인을 논리적인 각도에서 찾아가는 게 좋다.

예를 들어, 신중함이 모자랐을 때에 "당신의 덜렁대는 성격 때문이야"라고 몰아붙이며 무조건 야단치기보다는 우회적으로 "약

간 결론이 성급했다"라는 식으로 접근을 하는 게 좋다. 야단맞는 측도 전면적인 인격 부정이 아니니까 꾸짖는 사람의 배려에 반성하면서 감사해할 것이다.

또한 꾸짖는 것은 '비공개주의'가 원칙이다. 중대한 잘못을 했을 때에 '꾸짖었다는 사실'을 공표하는 것은 경우에 따라서는 어쩔 수 없지만, 본보기로 야단치는 것이 아니라면 다른 사람들이 보이지 않는 곳에서 꾸짖는 세심한 배려를 할 필요가 있다. 공개적으로 꾸짖는다면 당사자는 회사 내에서 자신감이 없어져 위축

될 것이며, 결과적으로는 다음에 일을 추진력 있게 이끌어가지 못하게 된다. 이런 불상사가 생기지 않도록 사람을 꾸짖을 때에는 신중을 기하여 비공개적인 장소에서 인신공격이 아닌 우회적인 표현으로 세심하게 배려해야 한다.

'명령'이 아닌 '부탁'으로

일을 하지 않거나, 시키는 일을 잘 하지 않으려고 빼는 부하가 있으면 골칫덩어리가 따로 없다. 그렇다고 상사가 강압적으로 일을 시킬 수도 없는 노릇이다. 그것은 부하에게 비민주적인 상사로 보일 수 있고 부하직원이 노예나 다름없이 느낄 수 있기 때문이다. 실제로 부하를 노예와 같은 방법으로 부리는 상사도 적지 않다. 문제는 그런 상사는 부하를 노예와 같이 부리고 있다는 생각조차 하지 못한다는 점이다. 엄밀히 말하면, 어떤 일을 "해!" 하고 명령했다면 노동을 강요한 것이다. 물론, 부하로서도 상사가 하라고 한 일을 하는 게 의무란 사실은 충분히 알고 있다. 그건 직장에서 서로 간의 이해사항인 것이다.

그렇다고 해서 의무니까 무조건 강제로 시켜도 좋다고는 할 수 없다. 명령받는 측에서 보면 '강제'라는 뉘앙스가 느껴질 때, 자신의 '자유에 대한 침해'라고 받아들인다. 자유를 구속한다는 생각이 들면 사람은 반항하게 되어 있고, 반항하기 위해서는 대단한 에너지가 필요한데, 가능하다면 그 에너지는 일에 쏟아내게 하는 것이 현명하다. 즉, 부하가 반항을 위해 에너지를 쓰게 만드는 일을 피하는 게 현명한 상사의 책무인 것이다. 또 자주적으로 일할 환경을 만들어내는 것도 상사에겐 중요한 일이다.

'명령'도 강제이기 때문에 명령보다는 일을 해주도록 '부탁'하는 방법을 써보도록 하자. 그렇다고 '신신당부'하라는 것이 아니라 부하와 '교섭'을 해서 일을 하라는 것이다. 단, 실제로 교섭을 해서는 명료하게 되지 않으므로 교섭을 한다는 마음가짐으로 일을 하도록 만든다는 것이 포인트다.

부하의 자주성을 인정해주는 대화를 한다든지, 부드러운 말로 시작하는 것도 사람의 신경을 완화시키는 역할을 한다. "오전 중이라면 괜찮은데"라든가 "바쁜 건 알지만……" 등 짤막한 배려의 표현을 적절하게 사용함으로써 강제라는 냄새를 약하게 만들어보자.

일상에서 부하의 일에 대한 행동양식을 잘 관찰해두는 것도 부하를 배려하는 데 도움이 된다. 일주일이나 하루 등 일정 기간 내에 있어서 사람은 각각 특유한 리듬에 따라 움직이고 있다. '아침형 인간'이라든가 '저녁형 인간'이라고 불리는 행동 패턴은 이러한 것의 한 예이다. 그것을 완전히 무시해서는 효율적인 일도 기대할 수 없다.

이런 세세한 것까지 파악한 후, '명령'이 아닌 '부탁'하는 방법으로 부하의 입장에 서서 일을 지시한다면, 부하는 센스 있고 배려심 있는 상사의 면모를 보고 더욱 따르게 되며, 일을 잘해야겠다는 마음가짐도 생겨날 것이다.

힘든 일을 하고 있는 사람에게 힘을 주는 한 마디

고민이 있거나 힘든 일이 있을 때 그 기분을 알아주는 사람만 있어도 그런 괴로운 기분은 어느 정도 해소된다. 타인의 기분, 특히 고통이나 고민을 자신의 고통이나 고민처럼 함께하려고 하는 마음은 고도로 발달된 인간적인 감정이라고 할 수 있다.

직장에서는 크고 작은 일들이 생겨나기 마련이다. 특히, 극도로 신경을 쓰지 않으면 안 되는 일이나 방대한 양을 처리하지 않으면 안 되는 일 등 평상시보다 특별히 에너지가 많이 필요한 일을 하는 사람에게는 나름대로의 '동정'을 표현하는 배려를 할 필요가 있다.

상사는 자신의 부하가 어떤 고생을 하며 그 일을 하고 있는지,

얼마나 힘들게 일하고 있는지 잘 파악하여야 한다. 그런 때에는 그 노고에 대해 '위로'의 말 한 마디를 건네는 배려를 해보자. 단순히 아주 힘든 일을 하고 있다는 사실을 인정하는 말이라도 좋고, 그에 대한 감사의 말을 덧붙여도 좋다. 격려의 표현도 좋다.

위로의 말을 들은 부하는 상사가 자신이 하고 있는 일에 대해 관심을 갖고 있다는 사실을 알게 되고, 그 고생을 이해해준다고 생각한다. 그것만으로도 어느 정도는 기분이 안정되고, 보상받은 느낌이 든다. 적어도 앞으로 더욱 보상받을 수 있겠다는 가능성을 보게 되어 상사의 배려가 업무의 효율성을 가져올 수도 있다.

앞에서도 말했듯이, 일이 끝난 후에 "고생했어" "피곤하지" 등의 한 마디 배려는 꼭 잊지 말자. 혹, 이 표현이 너무 진부하다고 느껴진다면, "그동안 고생했으니, 이제부터 일찍 퇴근해서 가족 서비스라도 좀 해야지"라는 등의 세심한 부분까지 생각해주는 배려의 말을 해보는 것은 어떨까.

힘든 일, 어려운 일을 하고 있는 사람은 자신이 처해 있는 어려움을 알아주는 사람이 있다는 사실만으로도 큰 힘이 된다. 가장 힘든 것은 자신이 힘들고 어려운 일을 하고 있는데, 상사도, 동료도, 친구도, 심지어는 가족도 알아주지 않을 때다. 그럴 때, 힘든 일은 두 배, 세 배로 힘들어지기 때문이다.

바쁜 상황이 계속될 때는 단순히 말만 할 것이 아니라 음식이나 음료 등을 사주고 함께 시간을 보내며 위로의 마음을 전하는 것이 효과적인 방법이 될 수 있다. 특히, 적절한 시기에 직접 자신의 돈으로 사주면서 이런저런 격려를 하는 배려는 아주 좋다.

'유머'는 천하무적이다

'유머'나 '농담'은 업무를 집중해서 처리해야 하는 회사생활과는 그다지 어울려 보이지 않는다. 학생들이 공부에 열중해야 하듯, 회사원은 '일'에 열중해야 하고, 마치 떠드는 학생을 지적하는 선생님처럼 직장의 상사는 부하들이 담배 피우면서 시시덕거리는 것을 싫어한다. "농담 따먹기나 하고 있지 말고 일이나 열심히 해!"라며 히스테릭하게 신경질을 부리는 직장 상사의 모습은 드라마에서도 실제 회사에서도 매우 익숙한 모습이다.

그러나 나는 농담은 꼭 필요한 것이라 생각한다. 농담의 목적은 '웃음'이기 때문이다. 회사는 실제로는 생명이 없는 무기체이지만, 그 안에서 이루어지는 일들은 유기체적인 움직임을 필요로 한다. 물건을 생산하면 그 특성을 파악해서 영업을 해야 하고, 거래가 성사되면 결제를 해야 하고, 문제가 생기면 문제해결을 위해 토론을 한다. 하나하나가 모두 연결된 연쇄적인 움직임이고 이 모든 일을 혼자서는 도저히 할 수가 없다. 같은 부서 사람들과는 물론이요, 다른 부서 사람들과도 유기적으로 움직여야 더욱 높은 효과를 기대할 수 있는 것이다.

이런 사람들 간의 유기적인 움직임을 더욱 유기적으로 만들어주는 기름 역할을 하는 것이 바로 '유머'와 '웃음'이다. 어쩌면 웃음은 그 회사의 '단결력'을 나타내는 척도라고도 할 수 있다.

내가 일본에서 근무할 때, 어떤 기업체의 사장님은 다른 회사를 방문할 때 일부러 우스운 이야기를 꼭 건네서 회사를 살펴본다고 한다. 그때, 그런 농담들이 직원들에게 전혀 통하지 않고 계속 묵묵히 책상만 바라보고 일하는 회사는 얼핏 보면 열심히 일할 수 있는 분위기가 조성되어 있는 것 같아 보여도 어느 정도 지나면 꼭 문제를 일으킨다고 한다. 반면에 기분 좋게 웃어주고 오히려 직원들이 나서서 최신 유머까지 알려주는 회사는 나중에 지켜보면 성공하더라는 것이다. 최근 FUN 경영이 활발히 이루어지는 것도 같은 맥락이라 할 수 있을 것이다.

인간관계도 마찬가지다. 사람과의 관계를 더욱 윤기 있게 만들어주는 것은 '웃음'이다. 자주 웃는 사람이 성공하고, 많이 웃

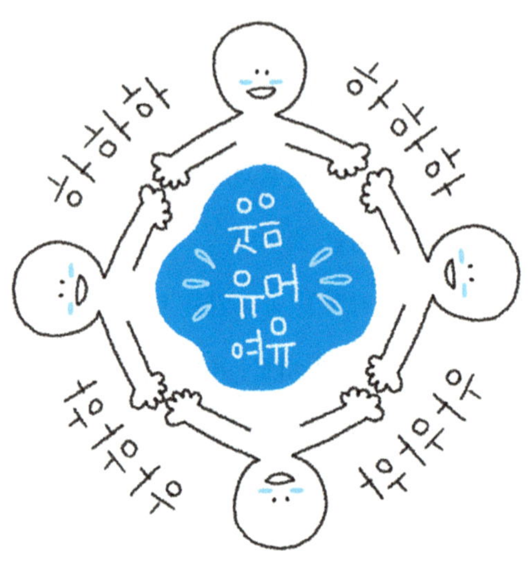

는 가정에 복이 오게 마련이다. 소문만복래笑門萬福來라고도 하지 않는가? 또한 웃음은 전염된다. 자신이 항상 행복하게, 즐겁게 생활한다면 주위 사람들도 따라서 즐거워진다. 쉽게 전염되지 않는다면, 의식적으로라도 상대방이 웃을 수 있도록 재미있는 이야기를 준비하는 세심한 배려를 해보자.

웃음은 곧 '여유'를 대변하기도 한다. 힘든 일이 있어도 잠시 가지는 농담 한 마디의 여유가 새롭게 기분 전환을 시켜주는 것이다. 바꾸어 말하면 여유가 없는 사람은 웃을 수도 없는 사람이기도 하다. 지나치게 낙관적인 사람이 되어서는 안 되겠지만, 힘들고 어려울수록 더욱 웃음을 잃지 말아야 한다. 또한 어려운 상황에 있는 주위 사람을 보고 다정다감하게 웃음을 줄 수 있는 사람은 배려와 센스를 겸비한 사람으로 보이게 된다.

물론 아무 때나 농담을 하거나 웃으면 회사 분위기가 들떠버릴 수 있다. 그러기에 담배 피우는 시간의 농담은 충분히 이해해주고, 규칙적인 휴식 타임을 갖고 마주 앉을 수 있는 여유를 만들어주는 것이 좋다. 또 가벼운 안부나 질문에 웃음을 묻어나게 하면 더욱 좋다.

속마음을 열게 하는 상사

비즈니스를 하다 보면 혼자서는 판단할 수 없는 일이 자주 생긴다. 이럴 경우 문제의 성격에 따라 주위에 있는 사람들에게 상담을 하게 마련이다. 특히 기업이라는 관점에서 판단이 필요한 문제에 관해서는 더욱 적절한 조언을 얻을 확률이 높기도 하고, 동시에 승인을 얻을 수도 있기 때문에 직속 상사에게 상담은 필수적인 것이라 할 수 있다.

그러나 상담하기 쉬운 상사와 상담하기 껄끄러운 상사가 있다. '언제든지 상담하도록'이라고 말을 하지만, 상담하려 해도 선뜻 내키지 않는 상사는 여러 가지 형태로 존재한다.

우선 상사의 시야가 굉장히 좁아 단순한 대답밖에 기대할 수 없는 상사가 있다. 부하가 봐도 상담하기도 전에 어떤 대답이 돌아올지 예상되는 상사에게는 상담을 청하고 싶지 않다.

또한 지나치게 눈치가 빠르고 매우 성급한 상사에게도 상담을 하게 되지 않는다. 언뜻 보면 머리도 좋은 듯하고, 눈치도 빨라 올바른 판단을 할 것 같아 상담을 하지만, 막상 내용을 약간 꺼내면 "아, 그거? ○○때문에 고민하고 있지? 그건 ○○하게 처리하면 돼"라거나, "○○에 대해 물어보려고 하지? 그건 ○○에게 물어봐" 등 애초에 생각했던 이야기를 미처 다 꺼내기도 전에 상사가 마음대로 결론까지 내버리기 때문에 물어보고 싶은 것을 다 물어볼 수가 없다. 이런 상사는 자신이 눈치가 빠르기 때문에 "○○말이야? 아직 그것도 모르나?"라는 식으로 핀잔을 많이 주는 스타일이기도 해서 상담을 자주 청할 수 없게 된다.

또 하나, 부하가 "상담 좀 하려고요"라고 하면 바쁘다는 핑계로 "다음에 하지"라고 아무렇지도 않게 말하는 상사에게도 상담하기 힘들다. 그런 사람은 "다음에"라고 해놓고도 시간이 나더라도, 다시 부하에게 상담하려던 내용이 무엇인지 물어보는 사람도 아니다. 부하가 상담하고 싶다고 하면 그때 바로 상담을 해주어야 한다. 타이밍이 늦어지면 고마움은 반감될 뿐이다.

부하가 상담하고 싶은 상사가 되려면 언제나 반갑게 상담에 응하는 모습을 보여주어야 한다. 간단한 것 같지만, 높은 위치에 있는 상사는 신경 쓸 일이 많기 때문에 실제로는 상당히 힘든 일이다. 그러나 우선 반갑게 상담에 응해주는 것만으로도 부하는 마음이 놓여서 자신이 가지고 있는 문제점을 쉽게 토로하게 된다. 직급이 낮은 부하일수록, 또 경험이 부족할수록 문제를 가지고 있지만 혼자서 해결하기 위해 끌어안고 끙끙 앓다가 더 큰 문제로 발전하는 경우가 많기 때문에 부하가 자신의 문제를 정확하게 표현할 수 있도록 하는 것이 문제해결의 가장 중요한 부분이다.

만약 그 당시에 긴급한 용건이 있을 경우에는 "지금은 바쁘니까 다음에 하지"라고 말하고 나서, 반드시 "내일 오전에 어때?"라는 식으로 구체적인 시간을 제시해주어야 한다. 그리고 상담을 할 때는 부하가 하는 말에 열심히 귀를 기울이자. 선입관은 없애고 끝까지 들은 후에 자신의 의견을 말하든 판단을 내리든지 해야 한다. 그리고는 상사 자신의 의견에 관해서 어떻게 생각하는지 묻고 부하의 의견도 존중해주자. 자신의 생각을 부하에게 강요하지 말고 어디까지나 부하의 입장에 서서 생각하려는 자세를 유지해야 한다. 한참 아래 부하라도 여러 의견과 정보를 제공해주면서 부하 자신이 최종적인 결론을 유추할 수 있도록 도와야 한다.

가끔씩은 부하에게 자신이 상담을 요청해보는 것도 좋다. 여러 사람의 사고방식을 폭넓게 받아들이고, 넓은 시야로 착오 없는 판단을 하려는 마음가짐의 표명이기도 하지만, 무엇보다도 부하와 가장 쉽게 가까워질 수 있는 방법이기도 하기 때문이다. 부하에게 상담을 요청하는 것이 상사로서의 권위를 떨어뜨린다는 생각은 이미 시대착오적인 것이라는 사실을 기억하고 한번 시도해보자.

맛있는 음식보다 맛있는 '말'이 좋다

예전에는 일이 끝나면 상사가 부하를 데리고 술을 마시러 가거나 밥을 먹으러 가는 경우가 많았다. 음식 값은 주로 상사가 부담하기 때문에 자주 부하들을 데리고 다니는 사람은 대부분의 월급을 술집이나 음식점의 외상을 갚는 용도로 쓰는 경우가 많았다.

'자주 함께 마신다'는 것은 나름대로의 효과가 있다. 술이 취하면 속마음이 나오기 때문에 서로의 생각이나 몰랐던 상대의 성격을 잘 알게 된다. 매우 깊은 커뮤니케이션이 이루어지기 때문에 일상적인 업무에 있어서도, 의사소통에도 도움이 될 수 있다.

또한 동지의식이 점차 형성되어 확고하게 굳어지기 때문에 항상 협력할 수 있는 자세가 가능해진다. 더욱 상사에게 '하룻밤 한 끼'만 얻어먹는 것이 아니라 '언제나' 얻어먹기 때문에, 고마움을 느끼고 있는 부하는 상사의 명령에 언제나 곧바로 행동 개시한다. 인간관계를 기초로 하여 그 나름대로의 기동성도 갖추게 되는 것이다. 물론 업무가 끝나도 회사에 구속되기 때문에 사람에 따라서는 싫어할 수도 있다. 집단주의적인 사고방식이 무조건 좋다고 말할 수 없겠지만, 모두 함께 어울리는데 자신만 그룹에 들어가지 않으면 '교제가 서툰 사람'이라는 일방적인 평가와 함께 따돌림을 당하기 때문에 어쩔 수 없이 어울릴 수도 있다.

그러나 최근에는 완전히 사정이 달라졌다. 술이나 음식을 얻어먹는 사실 자체에 모두 그렇게 매력을 느끼지 않는다. 물질적으로 풍부해진 점도 있지만, 무엇보다 개인적인 삶이 더 중요해졌기 때문이다. 어떤 형태로든 사람에게 구속당하는 것 자체를 싫어한다.

이제는 술 마시러 가자고 부하에게 권유해도 꼭 환영받으리라고 생각해서는 안 된다. 따라서 부하와의 커뮤니케이션을 할 목적으로 술자리를 권유할 때는 상대가 기쁘게 따라올 수 있도록 노력할 필요가 있다.

누구든지 한 번쯤 가보고 싶은 유명 레스토랑이나 흔히 먹어볼 수 없는 특별한 요리를 하는 식당에 가자고 하면 바로 따라올지 모른다. 그러나 그것만으론 부족하다. 음식이나 술을 사주는 것보다 재미있는 이야기로 '대접'하는 자세가 필요하다. 그러려면 우선, 자신을 완전히 드러내는 것부터 출발하는 것이 효과적이다. 자신의 자랑이 아니라 실패담이나 약점 등을 이야기한다면 부하는 친근감을 느끼게 된다. 부하가 흥미를 갖고 있는 화제에 대하여 언뜻 듣고, 그에 대해 자세하게 좀 들어보자고 하며 술자리를 권하는 것도 좋은 방법이다. 지금처럼 물질 풍요의 시대에 있어서는 재미있는 이야기나 즐거운 분위기에서 즐기려는 노력이 필요하다.

더 나아가 거래처 사람을 접대하는 경우에도, 손윗사람을 모시는 경우에도, 심지어는 마음 편한 친구와 있는 경우에도 먹을 것과 함께 '말의 향연'을 곁들이면 더욱 좋다. 상대방에게 음식 대접은 물론, 재미있는 이야기까지 대접한다면 만남의 분위기는 더욱 무르익을 것이다.

속아주는 거짓말, 속아주지 않는 거짓말

어떤 사람들은 습관적으로 거짓말을 하기도 한다. 물론 나쁜 일이다. 거짓말이 또 다른 거짓말을 부르고, 종국에는 굉장히 큰 거짓말이 되는 경우도 있다. 부득이 사회생활을 하다 보면 어쩔 수 없이, 본의 아니게 거짓말을 하는 경우도 많다. 자신의 이득을 위해, 회사의 이득을 위해, 아니면 자신도 모르게 거짓말을 하는 경우가 생긴다.

실제로 사람들은 누구나 셀 수 없을 정도로 많은 거짓말을 하면서 살아가고 있다. 운동선수들은 몸의 상태가 그리 좋지 않은데도 '최고의 컨디션'이라고 말해야 하는 경우도 있고, 아들과 아내의 성화가 귀찮은 아버지들은 피곤하지 않은데, 피곤한 척 주말을 보내기도 한다. 또, 취업난 때문에 원하지도 않은 회사에 입사하게 된 신입사원들은 "열심히 하겠습니다"라고 마음에도 없는 말을 하기도 한다.

진실을 말하기에는 상대방에게 미안해서 거짓말을 하는 경우도 있다. 또한 대의명분이나 다른 사람들을 위해서 거짓말을 하는 경우도 있다. 이른바 '하얀 거짓말'이라고 불리는 거짓말은 죄책감도 덜하고, 혹시 들켰다 하더라도 비교적 쉽게 용서받을

수 있다. 다른 사람을 위한 거짓말이기 때문이다. 그러나 자신의 이득만을 위해서 하는 거짓말, 이른바 '검은 거짓말'은 용서받기 힘든 법이다. 거꾸로 말하면, 거짓말을 해도 좋은지 아닌지를 판단할 때는 자신의 이익을 기준으로 생각하면 된다. 배려심이 있는 사람은 어떤 경우에도 자신의 이득만을 위한 거짓말은 하지 않는다.

다른 사람의 거짓말이 탄로 났을 때에도 검은색인지 하얀색인지에 따라서 대응방법이 달라진다. 검은 거짓말의 경우는 진실을 밝히기 위해 적극적으로 대처하는 것이 좋다. 누군가에게 이득이 된다는 것은, 다른 누군가에게는 치명적인 손해가 될 수도 있기 때문이다. 그러나 하얀 거짓말임을 알게 되었을 경우에는 될 수 있는 한 소극적으로 대응하는 것이 좋다. 듣지 못한 척하는 것이 가장 무난한 방법이지만, 상황에 따라서는 기꺼이 자신도 하얀 거짓말에 동참해보는 것도 좋다.

5

배려가 없는 집에는
웃음이 없다

봄바람이 언 것을 풀 듯, 화기가 얼음을 녹이듯 하라.
이것이 바로 가정의 규범이다.

· 채근담 ·

사랑하는 사이에서 잊지 말아야 할 것

서양 사람들은 연인 사이건 부부 사이건 시간만 있으면 'I love you'라고 하곤 한다. 젊은 연인끼리 서로 사랑한다고 하는 것은 그때의 감정의 표현이기에 극히 자연스러운 것이다. 자신의 사랑을 상대가 느끼도록 하고 그것에 대한 상대의 반응을 보고 사랑을 확인한다. 여행을 가서 집에 전화를 할 때도 전화를 끊기 전에 부부는 서로 이름을 부른 후 꼭 그렇게 말하곤 한다. 특히, 노부부의 경우에는 뭔가 계기가 있을 때마다 'I love you'를 반복하곤 한다.

이런 점은 반드시 배울 필요가 있다. 두 사람만이 오붓한 시간을 보내고 있을 때에는 굳이 말로 애정 표현을 하지 않아도 좋다. 두 사람만이 함께 있다는 사실 자체가 애정이 있다는 증거이기도 하고 자주 교환하는 시선을 통해 충분히 애정을 확인할 수 있기 때문이다. 하지만 너무 바쁘게 살다 보면 이와 같이 마음과 마음을 통하게 할 시간이 없어 말을 빌려 확인할 필요가 있다.

일이든 가사든 일정하게 정해진 일이 많아지고 그것에 쫓기게 되면 애정에 신경 쓸 시간이 없어진다. 게다가 상대가 자신을 사랑한다고 너무 굳게 믿으면 안일해지게 된다. 이것은 자신도 상대도 변하지 않을 것이라는 착각이 깔려 있는 것이다. 그래서 자신이 약간만이라도 상대방을 생각했을 때 그것이 전해진다고 착각하는 사람이 많다. 연인이니까 부부니까 이심전심이라는 식의 독선적인 생각을 하고 있는 것이다.

애정도 시간의 흐름에 따라 늙어간다. 물건과 동일한 것이다. 처음 만들어졌을 때의 상태를 계속 유지하기 위해서는 올바른 보수 관리를 하지 않으면 안 된다. 항상 점검을 해야 한다. 애정을 점검하는 도구는 바로 언어다. 'I love you'가 입 밖으로 나오게 되면서 비로소 자신의 애정도 재확인하고, 상대의 반응을 살펴보면서 상대의 애정도 확인할 수 있는 것이다.

우리말로 "사랑해"라고 이야기하는 것이 부끄럽다면 "행복해"라거나 "왠지 요즘 기분이 좋아"라거나 "당신 요즘 더 예쁘네, 멋있네" 등등 조금 다른 관점에서 사랑하는 마음을 전할 수도 있다. 하고자 하는 마음이 있다면 표현 방법은 얼마든지 있다. 말하자면 항상 두 사람의 사이를 언어로 확인하는 습관을 몸에 배게 만드는 것이 중요하다.

특별한 기념일에 이벤트를 계획하는 즐거움

열렬한 연애를 한 후에 결혼한 두 사람은 처음에는 서로의 생일을 축하하고, 선물을 주고받고 한다. 그러다 아이가 생기면 서서히 아이가 중심이 되어 생일축하도 아이만의 것이 된다. 물론, 서로의 생일이나 결혼기념일에 축하한다는 정도의 말은 하지만 그 이상의 것은 아무것도 없다. 때로는 연애시절이나 신혼을 추억하며 특별한 이벤트를 해보자는 말을 꺼내기는 하지만, 여유가 없거나 귀찮다는 생각이 먼저 들어 그 말도 없어져 버리곤 한다.

그럴 때에는 기습적인 파티를 기획해보는 것도 좋다. 당사자에게는 알리지 않고 비밀리에 준비해서 깜짝 놀라게 하는 것이다.

대학시절, 친하게 지냈던 친구가 있다. 어느 날, 그의 부인으로부터 남편의 생일파티를 하고 싶은데 도와달라는 부탁을 받았다. 집에서 비밀리에 준비해서 대학시절의 친한 친구와 부인들을 초대하고 싶다는 것이었다.

가장 힘든 문제는 그날 그 친구가 집으로 곧장 돌아와서 저녁을 먹도록 하는 것이었다. 마침 그 친구의 부서 사람을 알고 있었기에 그날 저녁 약속이 없다는 것을 확인했다. 나는 초대할 또 다른 친구들에게 그런 뜻을 설명하고, 주인공이 돌아오기 30분 전까지 절대로 늦지 말고 오라고 부탁해두었다. 그러나 그것으로 완전하게 준비가 되었다고는 할 수 없었다. 갑자기 그에게 급한 일이 생긴다면 모든 것이 수포로 돌아가기 때문이다. 그를 확실하게 잡아둘 수 있는 방법으로 내가 그와 저녁약속을 해놓고 당일이 되어 취소하는 방법도 생각했다. 결국은 여러 가지 정황상 일단은 틀림없이 저녁때 귀가할 수 있는 상황이 되었음을 확인하였기 때문에 그런 수고를 할 필요는 없어졌다.

당일, 부인들과 함께 모인 친구들은 벗어놓은 구두를 감추고 거실에 모였다. 귀가한 그 친구가 거실에 들어서는 순간, 숨어 있던 모든 사람들이 입을 모아 "축하해!"라고 소리쳤다. 그는 깜짝 놀라면서 매우 환하게 웃었다. 생각지도 못했던 옛 친구에 둘러싸여, 더군다나 부인들도 함께였기 때문에 그는 더욱 만족하며 즐거워했다. 상대가 즐거울 것을 기대하며 기다리는 것도 즐거운 일이다. 이제나 저제나 하며 오래 기다리는 시간을 조금씩 즐기는 것이다. 무엇보다 서프라이즈 파티의 경우는 전혀 예상하지 못하는 것이기 때문에 주인공에게 즐거움이 더욱 크게 전해질 수 있는 것이다.

:

하루라도 여왕으로 살게 하라

가족 간에도 가끔은 '접대'를 해야 할 때가 있다. 아들과 딸이 연세 드신 부모님께, 형제끼리, 또는 자매끼리, 어떤 기념일에 축하하기 위한 모임이 그런 경우다. 보통은 가족 간에 '접대'라는 표현을 쓰지는 않지만, 가끔은 접대하는 기분으로 상대방을 기쁘게 해보면 어떨까? 특히 부부는 결혼생활이 길어질수록 연애 감정이 서서히 식어가기 때문에 가끔 이러한 '접대'도 옛 감정을 되살리는 데 효과적이다.

생활이 안정되어가기 때문에 의식적으로 독특한 자극을 주거나 변화를 꾀하지 않으면 매너리즘에 빠져버릴 위험성이 높아진다. 서로 독창성을 발휘하도록 마음을 쓰고 신선함을 연출하도록 하는 노력과 배려가 필요한 것이다. 그렇게 하지 않으면 단순히 타성으로 움직이는 일상이 될 뿐이다. 때로 두 사람 사이에 있던 애정의 연결고리가 어느새인가 풀려버린 것처럼 느껴질 때가 있다. 그럴 때는 가끔 놀이를 해본다. 앞에서 이야기한 것처럼, 휴일의 하루를 '여왕 폐하 기념일'로 정해보는 것이다. 그날은 아내가 여왕 폐하가 되고 남편과 아들과 딸은 여왕 폐하의 신하가 된다. 적어도 그날 하루만큼은 신하는 여왕 폐하의 명령에 따라 뭐든지 하지 않으면 안 된다. 물론, 여왕 폐하는 식사 준비, 세탁 및 청소 등의 집안일은 하지 않으니 모두 신하인 남편과 아들과 딸의 몫이 된다. 특별한 케이크를 먹고 싶다고 하면 뛰어가서 사와야 한다. 영화가 보고 싶다고 하면 영화관에 모시고 간다. 심심해 보이면 심심하지 않도록 즐겁게 해줄 필요가 있다. 마음에 들도록 성심성의껏 노력해야 하는 것이다.

이런 종류의 놀이를 해보면, 부부로서 가족으로서 당연하다고 생각해왔던 관계에 대하여 새로운 요소를 발견하기도, 색다른 각도에서 보는 법을 배우기도 한다. 또한 반복되는 일상을 돌이켜보는 기회가 된다. 평상시 쌓였던 욕구불만의 원인을 들여다볼 수 있는 기회가 될지도 모르고, 상대나 자신의 진짜 마음을 확인

할 수도 있다. 남편은 평소에 아내가 얼마나 힘들었는지 느끼게 되고, 아들과 딸 역시 평소에 쑥스러워서, 또는 바빠서 하지 못했던 효도를 기분 좋게, 그리고 자연스럽게 할 수 있는 기회가 되기도 한다.

물론 남편에게도 '황제 폐하 기념일'을 만들어준다. 평소에 소파에서 하루 종일 텔레비전을 보면서 손 하나 까딱하지 않고, "물 한 잔 가져와라" "아이스크림 사와라" 하며 가족들에게 명령하던 아버지라면, 그런 날을 정해서 막상 황제처럼 무언가를 명령하려고 해도 별로 시킬 것이 없을 것이다. 평소에도 자신을 황제로 여겨줬던 가족들의 배려가 고맙고 미안한 마음을 가질 수 있는 기회가 될 수도 있다. 그렇게 가족 간에 서로 감사하는 마음이 살아나면 가족 간의 사랑도 더욱 깊어질 것이다.

꽃은 사랑을 전한다

꽃집 광고 중에 '꽃, 마음을 전하는 가장 좋은 방법'이라는 문구를 본 적이 있다. 기쁠 때나 슬플 때나 자신의 마음을 상대에게 전하려 할 때 꽃을 보내기를 추천한다. 사랑하는 마음을 전하는 '물건'으로서 꽃보다 효과적인 것이 없다.

꽃을 전할 때는 일단 상대방에 대하여 진지하게 생각하고, 그 상황에 아주 잘 어울린다고 생각되는 꽃을 선택한다. 무슨 목적으로 보내려는 꽃인지 설명하여 꽃집 사람의 조언을 받는 것도 좋다.

자신이 선택한 꽃에는 자기의 마음이 깃들어 있는 것이다. 메시지를 전한다면 짧게 하는 것이 좋다. 꽃에 마음을 담아 전하려 한 이상, 많은 말은 필요치 않다. 꽃이 상대에게 이야기해주는 것이다. 꽃이 갖고 있는 색과 형태 그리고 향기가 보내는 사람의 마음을 정확하게 전해주는 것이다.

그러나 조화는 꽃이 아니다. 의미를 지니고 있지 않은 장식품에 지나지 않는다. 꽃처럼 보인다는 것만 닮았지, 꽃과는 전혀 반대의 메시지를 전한다. 조화는 허식일 뿐이다. 사람들에게 조화를 보내는 것은 절대로 해서는 안 되는 일인 것이다. 특히, '사랑'에 관한 경우에는 특히 주의할 것!

꽃을 받고 기뻐하지 않는 사람은 거의 없다. 예를 들어, 싫은 사람이 보내온 경우에도 그 꽃을 얼굴로 보고 있으면 마음이 온화해진다. 싫다고 생각했던 사람에 대해서 품고 있던 이미지에 약간의 변화가 생기기 시작한다. 꽃을 지그시 쳐다보고 있으면 이미지가 서서히 긍정적으로 바뀌어가는 것이다.

좋아하는 사람이 있으나 그 마음을 충분히 호소할 수 없을 때에는 꽃에 사랑의 메신저 역할을 부여해보자.

꽃을 보낸다. 꽃을 보내고 또 보낸다. 사람이 귀찮게 구는 것은 싫어도 꽃이 귀찮게 하는 것을 싫어할 사람은 아마도 없을 것이다. 딱딱하게 닫혀 있는 사람에게는 아직 피어나지 않은 꽃을 보내보자. 꽃이 피어가는 모습을 통해 그걸 보는 사람의 마음도 열려 가길 바라는 것이다.

의족의 아버지

평생을 혼자 걷지 못하고 목발에만 의지해야 했던 아버지.

그런 아버지가 힘든 걸음을 연습하기 시작했던 건 맏이인 내가 결혼 이야기를 꺼낼 즈음이었다. 사람들의 만류도 뿌리치고 의족을 끼우시더니 그날부터 줄곧 앞마당에 나가 걷는 연습을 하셨다. 한 걸음 한 걸음을 내디딜 때마다 얼마나 힘겨워 보이시는지……. 땀으로 범벅이 된 아버지는 하루에도 몇 번씩 땅바닥에 넘어지곤 하셨다.

"아빠, 그렇게 무리하시면 큰일 나요."

엄마랑 내가 아무리 모시고 들어가려고 해도 아버지는 진땀 어린 미소를 지어 보이셨다.

"얘야, 그래도 니 결혼식 날, 이 아비가 네 손이라도 잡고 들어가려면 다른 건 몰라도 걸을 순 있어야재……."

난 아버지의 그런 모습을 보면서도 그냥 큰아버지나 삼촌이 그 일을 대신해주기를 은근히 원했다. 신랑이나 시부모님, 그리고 친척들, 친구들에게 의족을 끼고 절룩거리는 아버지의 모습을 보이고 싶지 않았기 때문이었다.

그렇게 아버지의 힘겨운 걸음마 연습이 계속되면서 결혼 날짜는 하루하루 다가왔다. 난 조금씩 두려워졌다. 정작 결혼식 날 아버지가 넘어지지나 않을까, 신랑 측 사람들이 수군거리지나 않을까……. 한숨 속에 결혼식 날이 다가왔다.

아침에 눈을 떠보니 제일 먼저 현관에 하얀 운동화가 눈에 띄었다. 누구의 신발인지 경황이 없어서 그냥 지나치기는 했지만 아무래도 마음에 걸렸다. 결국 결혼식장에서 만난 아버지는 걱정했던 대로 아침에 현관에 놓여 있던 하얀색 운동화를 신고 계셨다. 난 가슴이 뜨끔했다.

'아무리 힘이 든다 해도 잠깐인데 구두를 신지 않으시구선…….'

당신의 힘이 모자라서 그런 건지 아니면 떠나는 내게 힘을 내라는 뜻인지 아버지는 내 손을 꼭 잡으셨다. 하객들의 웅성거림 속에서 절룩절룩 걸어야 했던 그 길이 아버지에겐 얼마나 멀고 고통스러우셨을까. 진땀을 흘리시며 한 걸음 한 걸음 옮길 때마다 아버지는 무슨 생각을 하셨을까.

　　하지만 난, 결혼식 내내 아버지의 하얀 운동화만 떠올렸다. 도대체 누가 그런 운동화를 신으라고 했는지, 어머니일까? 왜 구두를 안 사시고……. 누구에게인지도 모를 원망에 두 볼이 화끈거렸고 도저히 고개를 들 수가 없었다.

　　아버지의 무안한 듯한 표정도, 뿌듯해하시는 미소도 미처 보지 못하고 그렇게 결혼식은 끝났다. 그 후에도 난 화려한 웨딩드레스를 입은 내 손을 잡고 아버지가 걸음을 떼어놓는 장면이 담긴 결혼사진을 절대로 펴보지 않았다. 사진 속 아버지의 하얀 운동화만 봐도 마음이 안 좋아졌기 때문이었다.

　　그런데 얼마 전에 아버지가 위독해 병원으로 달려갔을 때, 비로소 그 하얀 운동화를 선물했던 주인공을 알 수 있었다. 아버지는 여느 때처럼 내 손을 꼭 잡고 천천히 말을 이으셨다.

　　"아가야, 느이 남편에게 잘하거라. 니가 결혼을 한다고 했을 때, 사실 난 네 손을 잡고 식장으로 걸어 들어갈 자신이 없었단다. 그런데 니 남편이 매일같이 날 찾아와 용기를 주고 걸음 연습도 도와주더구나. 결혼식 전날에는 행여 내가 넘어질까 봐 푹신한 고무가 대어진 하얀 운동화도 사다 주고, 조심해서 천천히 걸어야 한다고 얼마나 당부를 하던지……. 난 그때 알았다. 니가 좋은 사람을 만났다고. 참 좋은 사람을 만났다고……."

관 계 를 바 꾸 는 힘 · 배 려

아름답고 세련된 관계로 바꾸는 배려의 방법

CARING

아름다운 외형보다 아름다운 행동이 낫다.
아름다운 행동은 조각상과 회화보다
고차원적인 기쁨을 제공한다.
그것은 가장 아름다운 예술이다.

— 랄프 왈도 에머슨

친절한 마음가짐의 원리, 타인에 대한 존경은
처세법의 제1조건이다.

— H. F. 아미엘

교양이란 화를 내지 않고
그러면서도 자신의 신념을 잃지 않은 채
어떤 얘기라도 들을 수 있는 능력을 말한다.

— 로버트 프로스트

훌륭한 본보기를 보거든
어떻게 죽을 것인지가 아니라,
어떻게 하루하루를 보낼 것인지에 관심을 기울여라.

— 헨리 마튼

인생은 선이 아니다.
선한 생활이 인생을 선하게 만든다.

— 세네카

조그마한 친절이, 한 마디의 사랑의 말이
저 위의 하늘나라처럼
이 땅을 즐거운 곳으로 만든다.

— J. F. 카네기

우리가 혼자가 아닌 인류 공동체의 일원임을 알 때,
그리고 우리의 행동이 전 인류에게 파급되는 효과를
인지할 때 인생의 의미도 시작된다.

— 로렌스 볼트

1

당신이 익혀야 할
배려

· 미들턴 주교 ·

우리는 인간관계에서 배려가 주는 여러 가지 도움과 배려하는 사람들의 다양한 실례를 살펴보았다. 이 장에서는 아름답고 세련된 관계로 만들어나가기 위해 배려를 어떻게 베풀 것인지를 소개하고자 한다. 이에 들어가기에 앞서 우리가 배려를 생활화하기 위해 필요한 기본적인 지침들을 정리해볼 것이다.

어느 한순간에만 배려하는 마음을 갖는 것은 자기만족에 불과한 것이며, 배려를 일상생활에서 차곡차곡 쌓아갈 때 비로소 자신의 삶을 진정으로 세련되게 가꿀 수 있다. 부디 배려를 생

활화하기 위한 지침들을 곁에 두고, 자주 읽으며 실천해보기를
바란다.

배려는 역지사지를 근본으로 한다

서울 힐튼호텔 총지배인이었던 브라이언 코넬 씨는 호텔 총지
배인으로서 가장 중요한 자질은 '사람을 이해하는 것'이라고 말한
다. 그는 고객 한 분 한 분을 위해 최대한 신경 쓸 뿐 아니라, 직
원들을 이해하기 위해 몸소 그들의 일을 체험하고 솔선수범한다.
그래서 플로어 청소나 커피 서빙 등 호텔 구석구석 궂은일도 마
다하지 않는다.

고객들을 배려함에 있어서 고객이 무엇을 필요로 하는지, 무
엇이 불편한지를 알아야 하며, 그러기 위해서는 철저하게 상대의
입장에서 생각해야 한다는 것을 그는 알고 있다. 호텔의 최고 지
배인인 그가 고객 앞에 나아가기에 앞서 직원들의 일을 몸소 체
험하는 이유도 거기에 있다. 직원들과의 관계 속에서 역지사지
를 생활화하다 보면, 고객을 대함에 있어서도 고객의 입장에 서
서 가장 적절한 서비스를 제공할 수 있기 때문이다. 뿐만 아니라
직원들의 환경과 고충을 직접 겪으면서 직원들을 더 잘 이해하게

되고, 잘 이끌 수 있는 효과도 얻을 수 있다. 오랜 세월, 고객에 대한 배려를 생명으로 여겨온 그는 배려의 가장 중요한 전제조건을 정확하게 파악하고 있는 것이다.

배려는 서비스업에 종사하는 사람들에게만 필요한 덕목이 아니다. 우리 삶에서 꼭 필요하고 또 이 책을 읽는 당신이 생활화해야 할 덕목이기 때문에, 우리도 코넬 씨처럼 첫 번째 전제조건을 반드시 숙지하고 실천하려 노력해야 할 것이다. 그 첫 번째 전제조건은 다름 아닌 입장을 바꾸어 상대를 이해하는 것, 즉 역지사지易地思之이다. 그것을 통해 상대가 놓인 상황과 상대의 욕구 또는 고충 등을 이해하고, 적절하게 대응할 수 있다. 역지사지는 배려의 전제조건인 동시에 핵심이고, 배려를 하는 데 필요한 다양한 지침들의 궁극적 도달점이다. 앞으로 소개하는 배려의 지침들이 모두 이 역지사지를 실천하기 위한 방법이라고 봐도 무방할 것이다.

관찰은 배려를 익히는 첫걸음이다

"고객이 원하는 것을 먼저 캐치하는 것이 중요합니다. 예를 들면 휘트니스클럽에서 운동을 하는 고객들이 원하기 전에 먼저 다가가 타월을 건네고 호텔에 머무는 동안 불편한 것이 없는지 항상 체크합니다. 고객의 마음속에 들어가 나의 마음을 일치시키는 것이죠."

이것 역시 서울 힐튼호텔 총지배인이었던 브라이언 코넬의 말이다. 호텔은 서비스가 생명인 곳이다. 그들에겐 배려가 생활화되어 있어야 고객들에게 항상 최상의 서비스를 제공할 수 있다. 그래서인지 그들은 배려를 함에 있어 무엇이 시작인지 정확히 알고 있다. '고객이 원하는 것을 먼저 캐치하는 것', 이것을 알고 있어야 어떤 배려를 해야 할지 가능해지는 것이다. 우리가 배려를 생활화하는 첫걸음도 이와 다르지 않다. 우선 주위 사람들에게 관심을 갖고, 그들을 지켜봐 주려는 마음에서 시작해야 한다.

보통 연인들은 "우리는 서로의 눈만 봐도 알 수 있어"라고 말한다. 실제로 애정이 깊은 연인들은 굳이 말로 표현하지 않아도 상대방이 원하는 바를 잘 알고 있는 경우가 많다. 이것을 본인들은 '직감적'으로 알 수 있다고 말하지만, 실제로는 상대방에게 관심을 가지고 열심히 지켜보고, 상대방이 원하는 것을 뭐든지 알고 싶어하고, 그 마음을 이해하려는 노력을 한시도 게을리하지 않은 결과물인 것이다.

배려에 익숙한 사람들은 상대방에 대해 많은 관심을 가지고 접근한다. 상대방에 대해 알고 싶은 욕구가 많을 뿐 아니라, 관찰력도 뛰어나서 많은 것을 읽어낸다. 그래서 배려심이 많은 사람들은 흔히 눈썰미가 남다르다는 소리를 듣는다. 이는 배려를 생활화하면서 눈썰미가 좋아지고 예리해진 결과라 할 수 있다.

반면, 배려가 서툰 사람들은 상대에 대한 관심도 낮고 상대를 읽는 데도 미숙하다. 상대방이 딴전을 피우고 하품을 해도 눈치 없이 자기가 하고 싶은 얘기만 늘어놓는 사람이 그 쉬운 예이다. "저 사람은 아무리 봐도 어떤 사람인지 모르겠어"라고 말하기 전에 상대방에 대한 관심이 얼마나 있는지 당신 자신부터 되돌아봐야 할 것이다.

관찰력을 높이는 방법

1단계

>>> 우선 관찰력을 높이기 위해, '외모를 관찰'하는 것부터 연습을 한다. 상대방의 헤어스타일, 즐겨 입는 옷, 액세서리나 구두 등 외적인 모습을 꾸준히 관찰하면 그 사람의 변화를 금방 읽을 수 있다. 이런 관찰은 단순한 기억력만 있으면 쉽게 파악할 수 있고, 그것이 익숙해지면 상대방에 대한 많은 정보를 얻을 수 있다.

2단계

>>> 상대방의 말 못지않게 중요한 것이 상대방의 신체 언어를 읽어내는 것이다. 우리는 감정이나 상태를 매 순간 언어로 다 표현하지 않기 때문이다. 심리학자 앨버트 멜라비안은 실험을 통해 대인관계에서 주고받는 메시지, 특히 감정적 메시지는 90퍼센트 이상이 비언어적 수단, 즉 신체 언어에 의해 전달된다는 것을 밝혀냈다.

다른 사람들과 대화하는 모습이나 표정의 변화, 습관이나 말투를 비교하여 그 사람의 특징을 파악해본다. 또한, 상대방의 독특한 제스처나 응시 방향, 응시 시간, 눈을 뜨고 있는 정도를 관찰하다 보면 제스처에 따라 전달되는 다양한 메시지를 읽어낼 수 있다. 다음 표를 참고하면 도움이 될 것이다.

	행동	의미
눈	주위를 흘금거린다.	당신이 어떤 말을 해주기를 바라고 있다.
	시선이 움직이지 않는다.	다음 말을 생각하고 있다.
	올려다본다.	어리광을 부리고 싶다. 또는 말을 걸어주기를 바란다.
입	내밀고 있다.	불만스럽다.
	입술을 깨문다.	참고 있다. 또는 기분이 나쁘다.
	벌리고 있다.	편안하다. 또는 무시하고 있다.
손·팔	팔짱을 끼고 있다.	대결 또는 반론.
	손바닥을 맞대고 있다.	받아들이고 싶다. 진지한 기분 또는 긴장 상태.
몸 전체	몸을 멀리한다.	경의 또는 마지막 만남.
	다가간다.	친밀감

＊ 관찰력을 높이는 데는 무엇보다 관심과 애정이 필요하며, 관찰한 것을 판단할 때는 상대방의 주변 상황을 이해하려는 노력을 아끼지 않아야 정확한 판단을 할 수 있다.

많이 듣고 많이 물어라

세심한 배려를 하기 위해서는 상대방의 심리나 상황을 잘 이해하고 있어야 한다. 관찰과 함께 상대방을 가장 잘 이해하는 방법은 바로 듣고 물어보는 것이다.

우리는 많은 정보를 언어를 통해 받아들인다. 우리가 글을 읽는 것도 언어이며, 우리의 사고 구조도 대부분 언어에 의존한다. 언어를 통해 들어오는 정보는 매우 구체적으로 파악할 수 있을 뿐 아니라, 나름대로 체계를 잡아 정리하기에도 용이한 장점이 있다.

그러나 매우 친밀한 사이가 아닌 이상 자신의 속내를 먼저 서슴없이 터놓는 사람은 거의 없다. 또한 우리가 요구하는 것만큼, 그리고 우리가 정확하게 이해할 수 있게 충분히 필요한 정보를 알아서 이야기해주는 경우는 극히 드물다.

결국 우리는 필요한 많은 정보들을 상대방에게 직접 묻거나 주위 사람에게 물어서 얻을 수밖에 없다. 특히 상대방의 잘 드러나지 않은 상황이나 미묘한 심리상태는 유심히 듣고 이해하고, 다시 질문하는 피드백 과정에서 더욱 구체적으로 이해할 수 있다. 그러기 위해서 우리는 자주 묻고, 더 많이 들어야 하는 것이다.

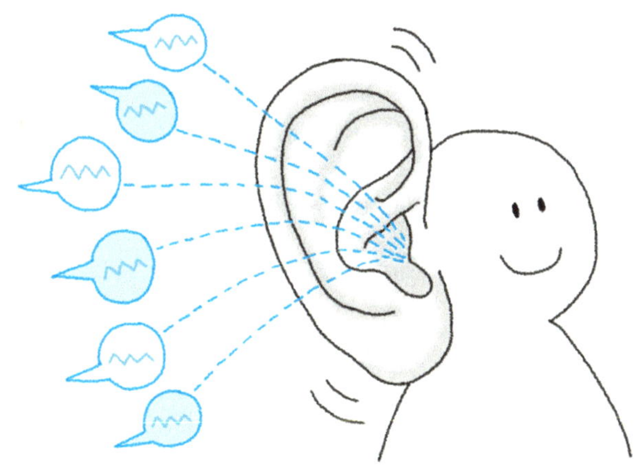

　듣는 것에는 단순히 정보를 얻는 것 이상의 효과가 있다. 우리는 상대가 자신의 이야기를 들어주는 것만으로도 우리를 이해하고자 노력한다고 생각한다. 또한 우리는 이야기를 하면서 스스로 자신의 어려운 고민거리를 털어버릴 수도 있고 홀가분하게 정리하거나 자신의 힘겨운 감정들을 누그러뜨릴 수도 있다. 그래서 이야기를 하다 보면 상대방에게 마음을 여는 경우가 흔히 발생한다.

　『리더스다이제스트』지에 "세상에는 자기 이야기를 들어주는 것을 바라는 생각만으로 의사를 부르는 환자가 상당히 있다"는 글이 실린 적이 있다. 이는 자신의 내부 감정을 다스리고 해소할 상대를 필요로 하는 사람이 많다는 뜻이다. 그러나 우리는 듣기보다 말하기를 더 좋아하는 경향이 있다.

유명한 취재기자 아이작. F. 마커슨은 좋은 인상을 주는 데 실패하는 가장 큰 이유가 주의 깊게 상대방의 이야기를 듣지 않기 때문이라며 다음과 같이 말한다.

"자기가 하려고 하는 말만 생각하고 귀는 잠들어 있는 사람이 많다. 대부분의 높은 사람은 이야기를 잘하는 편보다 잘 듣는 편을 좋아한다. 그러나 잘 듣는다는 재능은 다른 재능에 비해 좀 더 어려운 모양이다."

그는 들어주기를 재능으로까지 비유하며 그 어려움을 설명하고 있다. 말하기를 좋아하는 경향은 상대방을 이해하기보다는 자신이 먼저 이해받기를 바라거나 자신의 주장을 관철시키려는 욕구가 더 강하기 때문에 발생하는 것이다. 배려란 자신보다 상대방의 욕구에 좀 더 관심을 보이는 것이기에, 성공적으로 배려를 실천하려면 바로 '귀'를 열어야 한다. 또한 말을 듣는 자체는 상대방을 존중한다는 생각을 심어주기 때문에, 사람들은 누구나 자신의 말을 잘 들어주는 사람을 좋아하게 되어 있다는 점을 잊지 말자.

당신이 상대방의 이야기를 '잘 듣는 사람'인지, 아니면 상대방의 이야기를 '잘 듣지 못하는 사람'인지, 다음의 판정 테스트로 확인해보자. 테스트는 깊이 생각하지 말고 직감적으로 대답해야 한다.

'들을 줄 아는 사람/듣지 못하는 사람' 판정 테스트

01 자신의 체험담을 얘기해주면 상대가 보다 쉽게 고민을 털어놓는다고 생각한다.
[□ 예 / □ 아니오]

02 상대가 괜한 걱정을 할 때는 '신경 쓰지 마' '지나친 걱정이야'라고 말한다.
[□ 예 / □ 아니오]

03 상대의 이야기 내용을 정리하여 일반화하기를 좋아한다. [□ 예 / □ 아니오]

04 말하는 이가 흥분해 있을 때는 상대의 기분을 가라앉히기 위해 논리적으로 대응하는 편이 낫다. [□ 예 / □ 아니오]

05 업무에 관해 의논할 때는 그 자리에서 확실한 해결책을 제시한다.
[□ 예 / □ 아니오]

06 상대가 침울할 때는 재미있는 이야기로 기운을 북돋워준다. [□ 예 / □ 아니오]

07 상대의 이야기에 대해 반드시 자신의 의견을 덧붙인다. [□ 예 / □ 아니오]

08 고민을 털어놓은 상대에게 '잘할 수 있어' '힘내'라고 격려해준 적이 많다.
[□ 예 / □ 아니오]

09 상대가 고민을 털어놓았을 때 조금이라도 문제를 해결해주지 못하면 들은 의미가 없다고 생각한다. [□ 예 / □ 아니오]

10 상대가 우울한 얘기를 꺼내면 농담으로 피해갈 때가 많다. [□ 예 / □ 아니오]

'들을 줄 아는 사람/듣지 못하는 사람' 테스트 진단

진단 1

>>> '예'라고 대답한 항목이 많으면 많을수록 듣고 있는 것 같지만 실은 '듣지 못하는 사람'일 가능성이 높다.

'예'의 수가 8개 이상	듣지 못하는 사람
'예'의 수가 4~7개	듣는다고 생각하지만 의외로 듣지 못하는 경우가 많은 사람
'예'의 수가 3개 이하	들을 줄 아는 사람

진단 2

>>> '테스트의 10개 항목 중에는 화술을 체크하는 것도 있는 것처럼 보이지만, 실은 모두 당신의 듣는 성향을 확인하는 것이다.

짝수 번호에 '예'라고 대답한 사람은 다소 상대의 고통, 슬픔 등의 기분을 진득하게 들어주지 않고 화제를 돌리는 경향이 있는 사람일 확률이 높다.

홀수 번호에 '예'라고 대답한 사람은 상대방의 이야기를 듣기도 전에 자신의 생각을 말해버리는 습관을 갖고 있을 확률이 높은 편이다. 상대는 자신의 말을 차분하게 들어주기만 원할 뿐 당신의 의견은 별로 듣고 싶지 않을 수도 있다.

＊ 모두에게 해당되는 것은 아니다.

자신의 마음을 먼저 읽어라

우리가 관찰과 경청을 통해 상대로부터 얻은 정보를 배려로 옮기는 데에는 그 정보들의 의미를 해석하는 과정을 거쳐야 한다.

배려를 할 때, 상대가 괜찮다며 사양한다고 해서 그냥 있는 그대로 받아들여 배려를 포기하거나, 상대방이 관심을 표명하고자 장난을 걸어올 때 그것을 있는 그대로 받아들여 화를 낸다거나 불쾌한 표정을 짓는다면, 속마음을 잘 표현하지 않는 우리 사회에서는 사람들과 가까워지는 데 오해가 생기고 어려움을 겪을 수 있다.

또한 상대가 화를 낼 때 화내는 진정한 의미를 파악하지 않고, 화내는 말투에만 집착해서 같이 공격적인 자세를 취한다면 논쟁을 피할 수 없을뿐더러 서로의 관계는 걷잡을 수 없이 악화되고 만다.

이런 일들은 상대의 진정한 의도와 감정을 잘 파악하지 못하거나 제대로 파악해서 대처하려는 의지가 없을 때 일어난다. 그러나 더 근본적인 이유는 이런 사람일수록 자신을 솔직히 바라보는 습관과 능력이 결여되어 있다.

이들은 보고 들은 것을 자신의 왜곡된 시각으로 해석하려 한다.

상대가 우리에게 화를 낼 때, 수용해주기를 바란다는 상대의 진정한 욕구를 거부하고, 자신을 지키려는 논리만으로 포장해서 논쟁을 불러일으키는 것이다. 자신조차도 옳고 그름보다는 자신의 입장이 수용되었을 때 화를 풀면서, 상대가 화내는 것은 수용만을 바라는 철없는 행동으로 치부하고, 옳고 그름을 수용하지 못하는 고집쟁이로 상대를 매도하는 것이다.

평소 자신의 진정한 욕구와 진실된 감정을 정확히 읽어내는 습관을 가진 사람들은 그런 오류를 쉽게 범하지 않는다. 상대방이 왜 그런 행동을 하는지 자신의 마음에 비추어서 생각한다면 충분히 이해할 수 있기 때문이다. 그들은 관찰과 경청을 통해 들어온 정보를 자신의 솔직한 마음을 통해 정확히 해석한다. 인간이란 자신에게 주어진 상황과 결핍된 부분이 다르지만 내면에는 똑같은 희로애락의 구조를 가지고 있음을 잘 아는 사람들인 것이다.

우리는 상대가 권하는 것을 갖고 싶어도 일단은 예의상 거절한다. 그리고 상대와 친해지고 싶을 때 가끔은 장난스러운 관심을 보이기도 한다. 또한 우리가 화가 나서 상대방에게 한마디 했을 때 상대와 논쟁하기를 바라는 것이 아니라, 우리가 화를 내는 이유를 이해해주고 수용해주길 바라는 것이다.

그러므로 배려를 하려는 자는 끊임없이 자신을 바라보는 연습을 해야 한다. 진정한 자신의 욕구를 파악하려고 노력할 때, 타인에게 보고 들은 정보를 제대로 해석할 수 있기 때문이다. 제대로 해석한 정보를 통해서만이 상대에게 가장 적절한 배려를 하고, 상대를 기쁘게 해줄 수 있다.

남들이 당신을 어떻게 대해주기를 바라는지에 대한
상세한 목록을 작성해보자.

때로는 조연이 되자

삶의 주인공은 우리 자신이다. 동시에 우리가 살아가는 '세상'이라는 무대에서 누구나 주인공이 되고 싶어한다. 문제는 주인공은 한정되어 있는데, 모두가 주인공이 되고 싶어한다는 것이다.

여럿이 모이는 모임에서 즐거운 담화를 나누어야 하는데, 모두가 그 자리의 주인공이 되기 위해 자기만 내세우며 자기만을 알아주길 바란다면 그 자리에 모인 사람들은 즐거운 시간을 보내기는커녕, 모두가 서로의 잘난 체에 신물이 나서 상대방의 이야기에 따분함만을 느끼게 될 것이다. 그러나 배려하는 사람들은 이러한 사람의 기본 심리를 잘 헤아려 늘 상대를 주인공으로 만들어주려는 배려를 아끼지 않는다.

미국 역사에서 탁월한 리더십과 인간관계로 명성이 높은 루스벨트 대통령은 바로 상대방을 주인공으로 만드는 것이 생활화된 배려 깊은 사람 중 한 명이다. 그중 W.F.챔벌레인이 소개한 일화는 대통령의 배려가 돋보이는 유명한 일화다.

다리가 불구인 루스벨트 대통령은 보통 차는 운전할 수가 없었다. 이 때문에 한 자동차 회사가 대통령을 위해 특수한 자동차를 만들게 되었고, W.F.챔벌레인과 기계공 한 명이 이 차를 백악관으로 배달하는 임무가 주어졌다. 이 일에 관해서 챔벌레인은 다음과 같이 쓰고 있다.

대통령은 내 이름을 불러 나를 편안하게 해주셨고 또 그 자동차에 대해서 큰 관심을 보이셨다. 대통령의 친구들과 동료들이 그 자동차를 칭찬하자 그들이 있는 데서 대통령은 이렇게 말씀하셨다. "챔벌레인 씨, 이 차를 개발하느라 당신이 땀 흘린 시간과 노력에 감사드립니다. 아주 훌륭합니다." 그분은 조명등, 실내장식, 운전자의 좌석 위치, 대통령의 이름 첫 글자를 새긴 트렁크의 옷가방 등을 칭찬하셨다. 내가 상당히 신경을 쓴 세세한 부분까지도 놓치지 않았던 것이다. 대통령은 이런 것들에 대해서 부인과 노동부장관 비서들에게까지도 자랑을 했고, 심지어 백악관의 수위에게도 "이봐 조지, 이 가방 좀 특별히 부탁하네"라고 말씀하셨다.

운전 교육이 끝나자 대통령은 "챔벌레인, 내가 연방 준비 위원회를 30분이나 기다리게 했군요. 이제 가봐야겠소"라고 말씀하셨다. 나는 기계공을 한 명 데리고 가서 소개했었는데, 이 기계공은 대통령에게 한 마디도 하지 않았고 대통령도 그의 이름을 딱 '한 번' 들었었다. 그 기계공은 수줍음을 많이 타는 사람이었기 때문에 말없이 뒤뜰에 서 있었는데, 우리가 떠나기 전 루스벨트 대통령은 그 기계 공을 찾더니 이름을 부르며 악수를 하고, 와주어서 고맙다는 인사를 했다. 그 인사는 진심에서 우러나오는 인사였다.

뉴욕으로 돌아온 뒤 나는 루스벨트 대통령의 친필이 든 사진과 나의 도움에 다시 한 번 감사하다는 조그만 쪽지를 받았다. 대통령이 이런 일을 할 시간이 있다는 것이 나에게는 그저 신기했다.

루스벨트 대통령은 다른 사람의 호의를 누릴 수 있는 가장 간단하고 분명한 방법을 알고 있었던 것이다. 바로 그들의 이름을 기억하고 그들로 하여금 중요한 느낌이 들도록 만드는 것, 그들을 주인공으로 만드는 것이다.

가끔은 '져주면 좀 어때'라는 마음으로 상대방에게 양보하고 상대방을 주인공으로 만들어주자. 당신은 당신의 위대하고 아름다운 세상에 상대를 초대한 것이다.

상대방의 작은 기쁨을 챙겨라
| 사람은 사소한 것에 감동한다

우리는 '소탐대실小貪大失'이란 말의 뜻을 잘 알고 있다. 이 말은

작은 것을 탐하다가 큰 것을 잃는다는 뜻으로, 우리 또한 작은 것 때문에 큰 것을 잃는다면 어리석은 짓이라고 생각한다. 그러나 정작 우리의 일상을 돌아보면 어떠한가? 당신은 작은 관심과 배려, 간단한 선물, 가벼운 경의를 표하며 존경이나 신뢰를 받아내는가? 아니면 오히려 당장의 귀찮음을 피하고 눈앞의 이익을 취하려고 하다 좀 더 중요한 신뢰와 친밀감을 얻을 수 있는 기회를 잃어버리는가? 한번 생각해볼 일이다.

우리가 배려와 멀어지는 이유는 눈앞의 편리함과 이익을 먼저 생각하기 때문이다. 그러면서 우리는 자신을 위한 그럴듯한 변명을 하거나 자기 합리화를 한다.

선물이 크게 눈에 띄지 않거나 값비싼 것이 아닌 조촐한 것이면 줄 만한 가치가 없다고 생각해서, 평소에 약소한 것이라도 챙겨주는 것의 기쁨을 무시해버린다. 또한 친구관계에 있어서도 어려울 때 돕는 것이 진정한 친구라는 명분을 내세우며, 친구의 어려움을 기다리는 사람처럼 평소에는 친구에게조차도 무관심하게 지낸다.

이런 사람일수록 배려와 뇌물을 구별하지 못해 평상시가 아닌 자신이 필요할 때만 챙겨주려고 하거나, 배려와 자기과시를 구별하지 못해 배려를 할 때 생색내듯이 하는 경우가 많다.

배려는 거창하고 큰 것이 아니라 작은 관심과 정성으로 이루어진 것임을 다시 한 번 상기해보자. 작지만, 사소한 것에서 상대방은 감동을 받는다. 지속적인 작은 정성들에서 큰 마음을 느끼는 것이다. 자주 챙겨주고, 관심을 보여주고, 끊임없이 존중을 보내고, 가끔 때에 따라서는 기분 좋게 져주기도 하고 손해 보는 일이 있어도 한 번쯤 눈감아줄 수 있는 여유를 갖자. 사사건건 모든 일들을 다 공평히 하고 조금도 손해를 보지 않으려 한다면, 편하게 배려를 나누는 친밀한 관계가 아니라 그저 '거래관계'에 불과한 것이다.

롯데칠성의 마이너스 성장을 매월 두 자릿수 매출 증가로 탈바꿈시킨 이정원 대표는 성공 비결을 묻자 다음과 같이 말했다. "고객 만족은 심리적으로 느끼는 것입니다. 고객은 큰 만족에 감동하는 것이 아니라, 오히려 작은 만족에서 큰 감동을 합니다."

상업적인 곳에서마저 작은 배려는 빛을 발한다. 하물며 우리의 일상생활에서야 두말할 나위가 있겠는가?

일대일의 자세로 대하라

상대에게 배려를 할 때 꼭 짚고 넘어가야 할 것이 있다. 배려는 항상 일대일의 교류를 전제로 베풀어져야 한다는 것이다.

20세기 윤리학에서는 배려를 박애나 동정심과 동일한 것이 아니라, 박애나 동정심에 비하여 더욱 심층적이고 특수한 도덕적 감정이라고 정의한다. 다시 말해서 특수한 상대방과 그 사람의 상황에 대하여 더욱 포괄적인 관여를 하는 것이라고 설명한다. 그래서 나딩스는 '나—너'의 관계를 형성하는 것이 기본적인 전제가 되어야 한다고 말하고, 인간 대 인간으로서의 인격적인 만남이 전제되었을 때 배려의 윤리는 큰 힘을 얻게 된다고 주장했다.

즉, 모든 사람 또는 일정한 집단 전부를 배려의 대상으로 삼는다 해도, 실제적으로 배려가 행해질 때는 한 사람 한 사람을 일일이 고려하고 그들이 받아들일 영향을 생각하면서 단 한 사람에게 다가가는 마음으로 배려해야 한다는 말이다.

이는 유능한 마케팅 전문가나 뛰어난 광고 전문가들이 전략을 구상할 때와 비슷하다. 그들은 상품을 사용할 소비자 한 사람 한 사람이 그 상품을 받고 기뻐하는 순간을 떠올리며, 그 상품을 사용하면서 느끼는 만족에 집중한다. 그들은 전략을 짤 때, 어떤 단체의 만족을 전제로 하지 않고, 오직 한 명의 개인이 그 상품을 어떻게 받아들이는지에 대해 관심을 갖고 마케팅 방법이나 광고의 이미지를 구상한다. 이는 알게 모르게 소비자 한 사람 한 사람을 배려하고 접근하는 것이기에, 월등히 그 효과가 높아지는 것이다.

우리가 배려의 방법들을 적용할 때도 이와 다르지 않다. 어떤 단체를 상대로 비즈니스를 하거나 교섭을 할 때도 각자가 받아들이는 감수성과 심리적 수용성을 염두에 두지 않으면 안 되는 것이다. 상대방은 온전히 하나의 인격체로 대우받기를 바란다.

배려는 지금 당신 앞에 있는 단 한 사람을 향한 관심과 보살핌임을 잊지 말아야 할 것이다.

:

실천이 모든 것을 구체화한다

"아직 선을 시작하지 않은 동안은 누구도 선에 대해 이해할 수 없다. 또 여러 차례 희생을 해가면서 이를 실행하지 않는 동안은 누구도 참된 선과 참된 사랑을 깨닫지 못한다. 또한 이것을 항상 실천하지 않는 한 그 누구도 영혼의 평안을 발견할 수 없다. 사냥 꾼이 사냥감을 구하기 위해 움직이는 것처럼, 선을 행할 기회를 찾도록 자기 스스로를 훈련시킬 수 없다면, 적어도 선을 하여야 할 기회만이라도 잃어서는 안 된다."

선을 이해하기 위해서 먼저 선을 행해야 한다는 톨스토이의 이 말은 배려에도 적용된다.

우리가 배려를 실제로 해보지 않는 한 배려에서 오는 기쁨이나 배려가 주는 진정한 힘을 쉽게 파악하기 힘들다. 뿐만 아니라 배려를 어떻게 행해야 하며, 어떻게 실천하는 것이 가장 자연스럽고 적절한 것인지 좀처럼 습득하기 어렵다.

배려를 하다 보면 많은 것이 보인다. 아는 만큼 보이는 것이다. 한 번 성공적인 배려를 해서 자신의 이미지가 좋게 비추어졌음을 확신하면 자신감이 생겨서 하지 말라고 해도 또 하고 싶어진다. 또한 다음에 할 때는 더 능숙하고 자연스럽게 배려할 수 있게 된다.

처음 하는 배려가 어색하게 전달되어 스스로 미숙한 느낌이 들 때도, 그런 미숙한 방식의 배려를 되풀이하지 않아야 한다는 것을 배우게 되는 것이다.

"저는 1,200번을 실패한 것이 아니라 백열등을 만드는 데 1,200가지 방법으로는 되지 않는다는 것을 깨달았을 뿐입니다."

에디슨이 백열등을 성공적으로 만들고 나서 한 말처럼, 미숙한 배려를 했다는 것을 안다는 것 자체가 더 세련된 배려를 찾는 과정인 것이다.

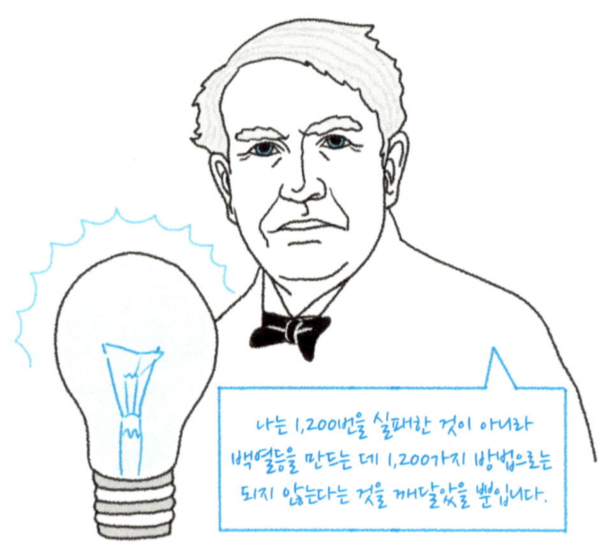

그러므로 미숙한 배려를 했다고 절대 의기소침하지 말고, 배려가 가진 많은 장점들을 되새기며 배려하려는 의지를 다져볼 일이다.

사소한 일상에서의 자기 훈련
| 가까운 사람에 대한 예의

많은 사람들이 일을 처리할 때 이상하게도 정작 중요한 것을 소홀히 하는 경향이 있다. 우리 손자 녀석은 요즘 '스타크래프트'라는 게임을 할 때 가끔 빈집털이라고 하는 것을 당하는데, 이때가 제일 당황스럽다고 말한다. 이는 자기 기지를 철저히 보호하지 않고 공격하는 데만 급급해서 모든 병력을 동원하여 적의 기지를 공격하는 동안, 적의 소수 병력이 들어와 자신의 기지를 초토화하는 것을 말한다. 마치 배려에 서툰 사람들이 처음 '배려'라는 것을 할 때 나타나는 모양새와 비슷하다.

이런 사람들은 새로 만나는 사람들이나 사무적으로 만나는 일시적인 사람들에게는 잘 보이고 싶은 마음에 신경 써서 배려하는 데 주력하지만, 진정으로 아껴야 할 가정과 가까운 사람들에게는 너무 가깝다는 이유로 매우 소홀하게 대하곤 한다.

그러나 그것은 배려의 껍질만을 배우는 것일 뿐만 아니라, 그런 겉치레 배려는 진정한 배려가 아닌, 배려에 익숙하지 않은 사람도 아무 때나 할 수 있는 자기만족에 불과하다. 이런 사람들은 정말로 중요한 지속적인 관계 유지에는 취약하다. 그들은 배려가 꾸준히 관심을 가져주는 것이라는 점을 간과하고 있을 뿐 아니라, 지속적인 관심이 없는 한 사려 깊은 배려가 불가능해 깊은 관계로 발전할 수 없음을 모르고 있는 것이다.

또한 우리는 일반적으로 친밀한 사람들과 더 깊고 복잡한 고민과 마찰을 일으키곤 하는데, 친한 사람에게 배려하는 것을 소홀히 하면 더 사려 깊고 더 세심한 배려를 익힐 수 없게 된다. 그러므로 진심으로 배려의 능력을 키우고 배려를 생활화하길 원한다면 늘 부딪치며 함께해야 하는 가정이나 학교, 회사 내에서 부단한 배려 훈련을 해야 할 것이다. 결코 가까운 곳을 소홀히 하지 마라. 그곳이야말로 당신의 배려 능력을 연마하는 도장이다.

내가 받았던 고마움을 타인에게 실천해보라

나는 전철역이나 밖에서 사람을 만나기로 약속하면, 미리 가서 음료수를 뽑아들고 기다리는 버릇이 있다. 음료수를 들고 만날 사람이 기쁘게 받아드는 그 순간을 생각하며 뿌듯한 마음으로 기다리는 것이다. 나의 이런 버릇은 대학 다닐 때 한 친구에게서 배운 것이다. 지금 그는 나와 가장 절친한 친구 사이지만 그 무렵에는 그다지 친하지 않았었다.

어느 무더운 여름날, 그 당시 우리는 같이 해야 할 과제가 생겨서 전철역 플랫폼에서 만나기로 약속을 했었다. 한여름의 폭염이 기승을 부려 내가 더위에 지쳐서 도착했을 때, 그가 시원한 음료수 하나를 불쑥 내게 내밀었다. 나를 위해 일부러 약속 시간보다 일찍 나와 음료수를 사놓고 기다리고 있었던 것이다. 그 친구의 섬세한 배려는 내가 그를 매우 따뜻한 사람이라고 느끼게 했고, 우리는 그 이후 쉽게 친해질 수 있었다.

그 이후 나는 무더운 날은 시원한 음료를, 추운 날엔 따뜻한 음료를 사들고 사람을 기다린다. 그들은 분명 나처럼 작은 감동을 받을 것이고, 나의 배려를 가슴에 담으리라 믿는다. 내 아내도 나의 그런 자상함에 마음이 끌렸다고 했으니까…….

누군가가 당신에게 작은 감동을 주었다면, 민들레가 홀씨를 날리듯 그때 받았던 작은 감동을 다른 사람들에게 전달해보자. 애써 좀 더 나은 배려의 방법을 찾지 않더라도 당신이 받은 감

동만큼 상대방의 가슴에도 기억될 수 있는 세련된 배려가 될
수 있다.

인격자를 존경하고 가까이하라

루스벨트 대통령은 무언가 어려운 일에 부딪치면 항상 거실 벽
에 걸려 있는 링컨의 초상화를 쳐다보며, '링컨이라면 이 문제를
어떻게 처리할까?'라고 생각해보는 습관이 있었다고 한다. 자기
계발 분야의 대부인 나폴레온 힐 또한 늘 위대한 사람의 사진을
보는 것이 자신의 성공에 도움이 된다고 말했다.

그만큼 우리에게 위대한 인물, 또는 존경스러운 인물은 우리
를 숙연하게 하고, 본받고 싶게 하는 강한 힘을 갖고 있다. 존경
하는 사람이 있다면, 우린 이미 그들과 비슷한 가치관 안에 있는
것이다. 또한 그들이 존경받는 모습을 계속 지켜볼 수 있다면, 한
인간의 품성이 삶에서 얼마나 소중한 것인지를 직접 경험하고 확
인하는 것이 된다. 그렇게 되면 우리는 사리사욕이나 단순한 성
공이 아닌, 좀 더 고귀한 성공의 아름다움을 믿게 될 것이며, 이
내 그들의 일거수일투족에서 많은 것을 배우려 할 것이다.

스페인 속담에 "이리와 살면 이리처럼 우는 법을 배우게 될 것

이다”라는 말이 있다. 당신이 인격자를 존경하고 인격자와 가까이 할 수 있다면, 당신도 인격을 내뿜는 법을 배우게 될 것이다. 이제 우리 주변에서 존경할 만한 사람을 눈여겨 살펴보자. 그리고 그와 가까워지도록 노력해보자.

예의를 익히고 예의를 뛰어넘어라

배려는 결코 상대에 대한 예의를 지키는 것과 크게 다르지 않다. 예의란 원래부터 상대를 배려하기 위해 만들어진 관습이기 때문이며, 예의가 바르다는 것은 이미 많은 부분 상대에게 배려하고 있는 것이 된다.

새뮤얼 스마일스 또한 “예의 바른 태도를 구성하고 있는 것은 정중함과 친절함이다. 그리고 공손함은 외적인 몸짓으로 다른 사람을 배려하는 내적인 마음을 보여주는 기술이다”라고 하며 배려와 예의와의 관계를 설명했다. 그의 말처럼 배려가 가진 정중함, 친절함, 공손함들은 예의 바른 태도를 통해 사람들에게 표현되는 것이다.

그러므로 배려하려는 자는 기존의 예의범절을 어느 정도 익힐 필요가 있다.

공공장소에서 차례를 지켜 새치기를 하지 않는 것에서부터 지하철에서 시끄러운 소리로 휴대전화로 통화를 하지 않거나 극장에서 휴대전화를 꺼놓는 것, 처음 만난 사람에게 상냥하고 정중하게 인사를 나누는 것에 이르기까지, 기본적인 예의는 지켜야 남에게 피해를 주지 않으며 무례하다는 소리를 듣지 않는다.

우리가 무례하다는 인상을 주지 않기 위해서는 적어도 상대에 대한 관심과 성의를 보여야 할 것이며, 평소 다음과 같은 스마일스의 조언을 마음에 담는 것도 도움이 될 것이다.

"무례하고 거친 태도는 빗장을 걸고 마음의 문을 닫게 하는 반면 친절하고 예의 바른 행동은 모든 곳에서 '열려라, 참깨' 같은 역할을 한다. 친절하고 예의 바른 행동 앞에서는 빗장이 걸려 있던 모든 문들이 열린다. 그것은 남녀노소를 막론하고 모든 이의 마음으로 들어갈 수 있는 출입증이다."

역으로 상대가 무례하다는 인상을 받았다면, 이는 당신이 적절한 예의를 갖추지 못했을 뿐만 아니라, 상대방을 알게 모르게 소홀히 대하고 있다는 것을 의미한다. 적어도 배려에서 중요시하는 관심과 성의를 다하지 않은 것은 확실한 것이다.

결론적으로 '배려란 기본적인 예의를 잘 지키는 것에서 시작해서 상대방이 놓인 각각의 상황과 필요에 적절히 대응해주는 것으로 발전한다'는 것을 알기 바란다. 예의를 통해 서로에 대한 존중과 가벼운 친분을 형성하고, 나아가 더 섬세하고 깊이 있는 배려를 통해 강한 친밀감으로 발전하게 되는 것이다. 결국 상대에 대한 관심과 친밀도가 상당히 높아졌을 때, 예의를 뛰어넘어 자유로우면서도 강력한 관계를 만드는 것이다.

경조사를 챙기는 것은
기본적인 예의

경조사는 중요한 만큼, 예민해질 수 있는 소지가 많다. 그때 오는 손님들이 평소 자신의 인간성이나 인간관계의 영향력을 어느 정도 간접적으로 드러내주기도 하며, 친분이 있는 사람들에게 축복이나 위로를 받고 싶은 마음도 있고, 축의금이나 부조금 같은 경제적 도움도 받을 수 있기 때문이다. 경조사는 상부상조의 정신을 기반으로 하고 있으며, 서로의 친분을 확인하는 것이다. 그러기에 다른 사람의 경조사에 얼굴 한 번 비치지도 않다가 자신의 경조사에 연락을 해서 오라고 하는 사람에게는 자칫 불쾌한 마음이 들 수 있다. 정작 내가 필요할 때는 연락해도 달갑지 않게 대하거나, 경조사 당일에는 보이지도 않던 사람이 자신의 경조사에 와달라고 부탁할 때는 조금은 파렴치해 보이기도 한다. 더욱이 상부상조를 미덕으로 하는 한국 사회에서 자신의 이익만을 챙기는 사람은 절대 다른 사람들과 어울려 살아갈 수도 없을뿐더러 대접받을 수 없고, 다른 사람의 배려 또한 기대할 수 없다.

자신의 경조사가 초라해지지 않으려면, 또 이기적인 사람으로 취급되지 않으려면, 부디 다른 사람의 경조사만큼은 꼭 챙겨줄 수 있는 미덕을 갖자.

2

활기찬 모임에는 배려가 있다

모든 사람에게 예절 바르고,
많은 사람에게 친절한 사람은
아무에게도 적이 되지 않는다.

· 벤자민 프랭클린 ·

모임에서의 배려 타이밍은 앉자마자

누구나 모르는 사람이 많은 모임에 나갈 경우에는 어색한 것이 사실이다. 대개 그런 경우 아는 사람하고만 실컷 대화하다가 돌아오는 경우가 많은데, 그러다 보면 모임에 나가는 취지가 반감되기 쉽다.

동창모임이건 친지모임이건 모르는 사람이 많은 모임에 가야한다면, 자리에 '앉자마자 즉시' 자기소개를 하자. '앉자마자 즉시'라는 것이 포인트다. 모르는 사람이 많이 있는데도 그냥 계속

CHAPTER 3

• • •

211

앉아만 있으면, 그것만큼 답답하고 지루한 모임은 없게 된다. 다른 사람들도 "저 사람은 누구지?" 하고 아무 말 없이 앉아 있는 사람을 궁금해하고 있을 것이다. 이때, 그 궁금증을 바로 풀어주면 된다.

가령 동창모임이라면 "○○회 졸업생 지동직입니다"라고 하면서 자리에 앉으면 된다. 친족모임에 갔을 때도 모르는 사람이 많다면 "저는 ○○○ 아들 XXX입니다. 안녕하세요?"라고 말하는 것이 자연스럽다. 그리고 바로 이어서 자신이 여기에 어떻게 왔는지와 주최자와의 관계를 짧게 덧붙여준다면 더욱 좋다. '나중에 기회 봐서 인사해야지'라고 생각하고 조용히 앉아 있다가는 좀처럼 기회를 잡지 못하는 경우가 많다. 이야기를 걸려고 하면 다른 사람이 이야기를 시작할 수도 있고, 모임 주최자의 이야기가 시작되기도 하여 좀처럼 기회를 잡을 수 없게 된다. 시간이 지날수록 더욱 기회를 잡기 어려워지고, 그러다가 기회를 잡으려고 노력하는 자신마저 구차스러워진다. 그러다 보면 같은 자리에 있는 사람이 선배인지, 후배인지, 조카인지, 삼촌인지도 모른 채 그냥 시간이 흘러가고, 모처럼의 모임은 고독하게 끝나고 만다.

또한, 자신이 먼저 와서 자리에 앉아 있는데, 누군가 인사하며

자리에 앉는다면 가볍게 "어서 오세요" 또는 "반갑습니다"라고 인사를 해주자. 인사한 사람은 모르는 사람 속에서 상당히 긴장하며 인사를 했을 것이고, 한마디라도 대답을 해주면 인사한 사람 자신도, 옆에 있는 사람들도 한결 자연스러워지게 된다.

사람은 누구나 모르는 사람 앞에서는 자신도 모르게 경계하고 긴장하게 된다. 그러나 상대방의 '정체'를 알게 되면 마음속 빗장이 '철커덕' 풀리면서 자연스럽고 편안한 대화를 할 수 있다. 초면이라 경계심을 가지고 있을 수밖에 없는 사람들에게 내가 먼저 배려하는 마음으로 간단히 자신을 소개하면 되는 것이다. '앉자마자' '만나자마자' 나누는 이런 간단한 대화가 그 자리의 분위기를 밝게 바꾸어줄 것이다.

추억을 나누는 모임

30대나 40대에 열리는 동창회에는 출석하는 사람이 그리 많지 않다. 모두 만나고 싶은 마음은 있지만, 대부분 사회에 나와 가장 많이 일하고, 열심히 노력하는 시기이기 때문에 시간적으로도 정신적으로도 여유가 없다. 금전적으로도 자식들의 교육에 많은 노력과 비용을 투자하기 때문에 쉽게 여유가 생기지 않는다. 또한 동창생 중에도 친한 친구는 자주 시간을 내서 만나고 있기 때문에 다른 동창생들과는 만날 필요성을 느끼지 못하는 것이 또 하나의 이유다.

그러나 학교를 졸업해서 시간이 지남에 따라 동창회가 열리는 횟수도 많아지고 출석률도 좋아진다. 자신의 사회적 위치가 조금씩 굳어져 가고 차츰 시간적·정신적·금전적으로 여유가 생기면서 서서히 옛 친구의 얼굴이 그리워지게 마련이다.

학창시절에는 학업성적이 좋고 나쁨이 친구들 간에 그다지 중요하지 않았지만 사회에 나와 일을 하다 보면 어떤 '괴리'가 생기는 것은 어쩔 수가 없다. 전혀 다른 분야라면 정확하게 서로 비교되진 않지만, 분야에 따라서는 사회적 통념에 따른 지위의 상하가 결정되고, 기업의 직책에 의해서도 지위의 상하가 비교될 수 있다.

그러나 동창회에서만큼은 이런 요소가 완전히 무시된다. 동창회에서는 모두 예전 그 시절로 돌아가기 때문에 말투도 행동도 달라진다. 사회적 지위가 높은 사람이 되었다고 해도, 동창생들의 농담 섞인 막말을 피할 수는 없다. 때로는 학창시절에 있었던 사건으로 자신이 놀림감이 되기도 하고, 술자리의 안주가 되기도 한다. 동창회에서는 사회적 지위가 주는 특별대우란 존재하지 않는다.

동창회는 함께 공부했고 함께 놀았던 사람들이 한꺼번에 만나 옛날을 그리워하는 시간이다. 따라서 우선 초점을 '옛날'에 맞추는 것이 자연스러운 배려가 된다. 옛날에 있었던 재미있는 이야기나 즐거웠던 추억을 서로 주고받기도 하고, 자신의 실패담을 이야기하면서 동창생들의 웃음을 끌어내기도 하여 모두의 마음이 한꺼번에 학창시절로 되돌아갈 수 있도록 배려를 해보자.

'지금이니까 하는 이야기인데……'라는 뒷이야기는 모두의 흥미를 돋워 커다란 반응을 불러일으킬 수 있다. 예를 들면 중학교 때 감기에 걸려 이틀 등교하지 못한 적이 있었는데, 실은 동네잔치에서 몰래 술을 마시고 만취했었다는 이야기를 들려주며, 당시에 미처 말하지 못했던 에피소드를 터놓고 이야기하는 것도 좋다.

또 사회에 나와서의 실패담도, 특히 다른 분야에 있는 사람들에게는 흥미진진하게 들릴 수 있다. '자신의 실패를 이야기해서 많은 사람의 웃음거리가 되는 게 싫다'고 생각하는 사람도 있을지 모르지만, 실제로는 모두를 즐겁게 만든다.

현재 하는 일에 대해서도 적극적으로 정보를 공유하는 것이 좋다. 자신이 몸담고 있는 분야 이외의 분야에 관하여 간략하게 알고 싶다면, 동창회만큼 좋은 모임은 없다. 친구들 역시 다른 분야에 관심을 가지고 있기 때문에 적극적으로 정보 공유에 나선다면 즐거움은 배가 되고 서로를 위한 특별한 정보를 제공하는 최고의 모임이 될 것이다. 주의할 것은 자신의 '자랑'이 되어서는 안 되고 철저히 '사실'만을 부각시켜서 정보를 공유해야 한다는 것이다. 동창회처럼 기분 좋은 자리에서 자신의 '자랑'만을 늘어놓는 우를 범하지는 말아야 한다.

주인공은 확실하게 주인공으로 만들자

내가 현직에 있을 때 거래처의 높은 분이 퇴임하는 자리에 초대받아 간 적이 있었다. 퇴임식이었기에 친한 사람들 몇 명이 퇴임하는 분과의 에피소드를 간단하게 말하는 순서가 있었다. 대부분 퇴임자의 업적을 높이 평가하고, 그동안의 노고에 관하여 말을 하면서 업무적으로 또는 개인적으로 그 퇴임자와의 추억에 관한 이야기를 했다.

그런데 그중 한 명이 그 퇴임자와의 거래관계와 함께 자신의 회사가 커가는 과정을 이야기하기 시작하면서, 자신의 회사가 어떻게 성장할 수 있었는지에 대해 장황한 설명을 덧붙였다. 물론 그 사람은 자신의 회사가 성장한 것이 그 퇴임자의 덕분이라고 이야기하려고 했던 것 같지만, 자기 자랑을 끊임없이 곁들이는 축사였기에 아예 하지 않는 편이 더 낫다고 본다.

축사에 섞어서 자신의 자랑을 하는 것, 그것은 언제나 모두를 불쾌하게 만들 뿐이다. 이런 자리에서는 그날의 주역을 축복하기 위한 말로 더욱 그 자리를 빛내주거나 인상 깊게 만들기 위한 이야기를 해야 한다. 주객이 전도되지 않도록 자기의 선전이 될 만한 이야기는 일절 언급하지 않는 게 좋다.

또한 상대의 장점을 칭찬하는 것은 좋으나 지나치게 수다스럽게 늘어놓으면 틀에 박힌 듯한 인상을 줄 수도 있다.

길고 장황한 이야기보다는 "정말 수고하셨습니다" "그동안 감사합니다" 등의 진심 어린 말 한마디와 보내는 사람에 대한 아쉬운 표정이 충분히 담긴 행동이 당사자뿐만 아니라 보는 사람들의 마음에도 깊은 인상을 안겨줄 수 있다.

다른 사람이 꺼내야 제맛이 나는 화제

내가 아는 사람 중에 곱게 나이 든 지인이 한 분 있다. 그분의 아버님은 웬만한 사람은 다 아는 재산가로 지금 그분 역시 넓은 집에 많은 재산을 소유하고 있다. 외모 또한 깔끔하고 고운 얼굴이다. 겉으로 봤을 때는 흠이 없다고 할 수 있다. 그러나 주변에 친구들이나 모이는 사람이 없어 매우 외롭게 지내고 있다. 이유는 딱 한 가지, 사람만 만나면 예전에 자신이 살아온 이야기를 하는 나쁜 버릇 때문이다.

나무가 수십 개나 있는 큰 정원 딸린 집에서 살았고, 무엇 하나 부족한 것 없이 살아온 것에 대해 자세하게 몇 번이고 이야기를 되풀이한다. 게다가 자가용이 아주 흔하지 않았던 시기에 등·하교를 자가용으로 했고, 부친이 유명한 대기업의 창립자였다는 등의 자랑들을 계속 늘어놓는 것이다. 이렇게 자신의 자랑거리만 장황하게 늘어놓는 성격 때문에 주위 사람들로부터 외면당하고 빈축을 사게 되었다. 자랑하는 이야기를 들은 사람들은 자신들과는 출신이 다른 사람이라고 몹시 빈정거리는 말투로 험담을 하기

도 한다. 듣는 사람 입장에서는 지금 사는 모습도 남부럽기 짝이 없는데, 그분은 오히려 지금은 예전에 비하면 아무것도 아니라는 식의 몰락한 자신을 한탄하고 있다. 상황이 이렇다 보니, 그 이야기를 계속 들어줄 만한 성인군자가 주위에 있을 리 없다.

이야기의 내용 자체는 천천히 듣다 보면 재미있을 수도 있다. 화려했던 옛날을 살아온 사람의 추억 이야기는 사람들의 흥미를 끌기에도 충분하다. TV에 나오는 재벌 2세에 대한 이야기는 사람들의 마음을 들뜨게 하기도 하고, 자신도 그런 상황에 놓이게 된다면…… 하는 바람으로 마음속으로나마 간접경험을 하고 동경하면서 흥미진진한 이야기 전개에 주시하게끔 된다.

그러나 그것은 제3자인 TV가 방영을 하기 때문에 재미있는 것이지, 호화로운 생활을 해온 당사자가 눈앞에서 그 이야기를 장황하게 자랑하고 있으면, 부러움은커녕 오히려 반감만 커지게 된다.

처음으로 사람을 만나는 자리에서는 자기 자랑은 절대로 해서는 안 된다. 애초 '자랑한다'는 것은 자신이 뽐내고 싶은 점을 사람들이 모르고 있든가, 인정해주지 않기 때문에 그 점을 사람들에게 강요하려는 행위인 것이다. 상대에게 아무리 도움이 되는 이야기라도 '강요'의 요소가 들어 있을 경우에는 틀림없이 사람들의 반감을 사게 된다.

사람이 부러워할 화제를 갖고 있는 사람이라면 그걸 알고 있는 누군가가 틀림없이 이야기를 꺼내게 되어 있다. 그때 설레는 마음을 진정하면서 이야기를 해도 늦지 않는다. 조신한 태도를 견지하면 틀림없이 사람들은 좋은 인상을 받게 된다.

표현하는 방법에 따라 사람들이 싫어하기도 하고, 사람들로부터 존경을 받기도 한다. 사람들이 물어보지도 않았는데 자기 혼자 일방적으로 자신의 자랑을 늘어놓는 것은 최악의 결과밖에 초래하지 않는다.

자신의 선행에 관한 경우도 마찬가지다. 자기가 직접 발표해서는 단순히 이름을 팔아먹는 행위라고 매도당해도 할 말이 없다. 선행의 경우는 감추려고 했지만 부득이하게 사람들에게 알려져서 어쩔 수 없이 사실을 인정하는 모습이 보기 좋은 것이다. 모든 선행과 위대함은 겸손을 통해 더욱 빛을 발하는 법이기 때문이다.

자기가 사람들에게 자랑하고 싶은 일은 말하지 않는 것이 좋다. 함구하고 있으면 가치가 있으나, 자기 스스로 사람들에게 알리면 마이너스 효과가 되어 나타난다.

'지나친 사양'은 역효과를 가져온다

식사나 술자리에 초대받으면 그 자리를 충분히 즐기도록 마음을 쓰는 것도 하나의 배려가 될 수 있다. 상대로서는 즐겁게 해주려고 초대한 것이기 때문에 참석한 이상 되도록 사양하지 말고 적극적으로 그 자리를 즐기는 것이 좋다. 지나치게 사양을 하는 경우, 마지못해 참석했다는 오해를 받을 수도 있다.

음식이나 술이 이미 준비된 상태라면 자신이 좋아하는 것을 충분히 즐기면 된다. 너무 사양하다가 음식을 남기게 되면 결국은

버리게 되기 때문에, 나처럼 가난한 시대에 태어난 사람은 정말로 아깝기 그지없다는 생각을 하게 만들기도 하고, 또 준비한 사람에게는 '준비한 음식이 맛이 없었나?' 하는 걱정을 하게 만든다. 어느 쪽이나 그리 유쾌한 일은 결코 아니다.

메뉴를 보고 여러 가지 음식을 고를 때도 사양하지 말고 좋아하는 것을 고른다. 이 경우 중요한 것은 '자기가 좋아하는 음식'을 선택해야 한다는 점이다.

식사에 초대받으면 항상 그 집에서 최고로 비싼 요리만 주문하는 사람이 있다. 초대한 사람도 요리를 즐겁게 먹어주기를 원하지만, "희귀한 요리니까 남의 돈으로 먹어보자"라거나 "여하튼 비싸니까 먹어보자"라는 태도로 비싼 요리만 매번 요구한다면 오히려 초대를 한 사람이 단순히 '이용'만 당한다는 느낌을 받아 불쾌한 기분이 들게 된다. 제일 비싼 요리라도 자신이 좋아하는 것이라면 사양할 필요는 없으나 선택의 이유가 '가격'이라면 기분이 썩 유쾌하지 않을 것이다.

자신이 먹고 싶은 것이 딱히 없거나 메뉴가 익숙하지 않아서 무엇을 시킬까 고민이 된다면, 초대하는 사람이 권하는 요리를 먹어보는 것도 하나의 배려다. 초대하는 사람 입장에서도 자신이 초대를 한 이상, 온 사람들이 기쁘게 먹어주었으면 하는 마음이 있기 때문에 가장 자신 있는 메뉴를 권한다. 또한 권한 음식을 흔쾌히 먹고, '맛있었다'는 말로 만족감을 표현해주는 배려를 잊지 않는다면 초대한 사람도 기분이 매우 좋아져 역시 만족스럽게 느끼고, 자신이 들인 비용도 전혀 아깝지 않다고 느낄 것이다.

초대한 측으로서는 생각했던 예산을 넘어버렸다 해도 손님이 충분히 즐거워하는 것을 보면 보답받았다고 생각한다. 엄밀히 말하면 지나친 사양은 사람의 호의를 무시하는 것이라는 인상을 심어줄 수도 있는 것이다.

파티를 흥겹게 만드는 대화 방법

요즘 열리는 파티나 리셉션은 스탠딩 스타일이 보통이다. 의자에 앉는 스타일과 비교해보면 보다 많은 사람들과 한꺼번에 만날 수 있고, 자기가 원하는 대로 여기저기 움직일 수 있기 때문에 많은 사람들과의 정보교환도 가능하다. 또한, 시작 시간에 약간 늦거나 다른 사람보다 먼저 자리를 뜨더라도 눈에 띄지 않는 등 여러 가지 이점이 있다.

음식에 있어서도 자기가 좋아하는 것을 선택해서 먹을 수 있고, 먹고 싶지 않으면 먹지 않아도 된다. 이야기에 열중하다 보면 다리가 아픈 것도 잊어버린다. 술을 좋아하는 사람은 자신의 페이스에 맞춰 마실 수 있고, 사람과의 대화를 즐기는 사람은 차례로 이야기 상대를 찾아 쉴 틈 없이 대화를 계속할 수 있어서 즐거운 시간을 보낼 수 있다. 사람과의 대화가 서툰 사람이라면 주최자에게 인사만 하고 일찍 돌아가도 눈에 띄지 않는다.

이런 스탠딩 스타일의 경우는 여러 가지 일을 자기 뜻대로 할 수 있도록 되어 있다. 그렇기 때문에, 오히려 더 자신의 입장만 생각해서 행동하지 않도록 항상 주의할 필요가 있다.

우선, 아는 사람하고만 이야기를 하며 그 사람을 독점해서는 안 된다. 그 사람도 다른 사람과 이야기를 하고 싶어할지도 모르고, 다른 어떤 사람이 그 사람과 이야기를 하려고 적당히 거리를 두고 당신이 떠나기를 기다리고 있는지도 모른다. 적당한 시간에 이야기를 끝맺는 배려도 필요한 것이다. 이는 스탠딩 파티에 있어서 다른 사람들에 대한 배려이기 전에 기본적인 에티켓이다.

잘 모르는 사람에게 이야기를 걸 때는 당연히 자신의 이름을 밝힌 후에 해야만 한다. 무사가 전장에서 싸움에 임할 때 적을 향해 자신의 가계나 이름을 큰 소리로 알리고 나서 시작하듯이, 사람과 관계를 갖게 될 때에는 이름을 밝히는 것이 최소한의 예의다. 파티나 리셉션의 취지에 맞춰 주최자와의 관계나 자신의 직업 등을 알려주는 것 또한 예의이고 상대방을 위한 배려다.

최초의 화제는 파티나 리셉션의 목적이나 주최자에 한정하는 편이 좋다. 처음부터 자기 특유의 지론 등을 당당하게 내세우면 상대방은 질려서 도망간다. 상반된 이해관계를 갖고 있는 사람이라면 틀림없이 기분이 상하든가 화를 내고 말 것이다. 그리고 정치나 종교 등 논쟁으로 번질 수 있는 화제는 꺼내지 않는 편이 좋다. 파티의 목적이 모두 즐거운 시간을 보내는 데 있기 때문에 그에 반하는 행동을 해서는 안 된다는 사실을 항상 기억하자.

참석하지 못했지만 나는 특별한 사람

바쁘게 일을 하다 보면 약속이 겹치는 경우가 있다. 회사 일로 겹치는 경우도 있고, 개인적인 일로 겹치는 경우도 있다. 특히, 개인적인 약속을 한 상태에서 갑자기 회사에 중요한 일이 생기면 어쩔 수 없이 약속을 못 지키게 되는 경우가 너무나 많다. 마음은 약속자리에 참석하고 싶지만, 회사 일을 포기할 수도 없는 일이다. 또한, 마음에 두고 있던 이성이 처음으로 데이트 신청한 날이 공교롭게도 친구들과 중요한 선약이 있는 날이라면 어찌해야 할지 고민이 되는 경우도 있다. 이렇게 좋은 기회를 놓칠 수도 없고, 날짜를 바꾸자니 여러 친구들에게 미안하다. 데이트를 취소할 수도 없고, 친구들과의 약속도 매우 중요하다.

이런 경우에는 그 상황을 상대방에게 간단히 설명하고 그날은 가지 못할 것 같다는 말을 하면서 "다음에는 꼭 참석할게" "가까운 시일에 다시 불러주세요"라고 다음을 기약하는 말로 배려하는 것이 중요하다. '가고 싶다'는 마음이 잘 전달되면 상대방도 그날 약속은 아쉽지만, 다음에 만날 희망을 가질 수 있기 때문이다.

다음 약속도 그대로 팔짱만 끼고 가만히 기다리고 있기만 해서는 안 된다. 이메일이나 휴대전화의 문자 등을 이용해서 지난번에 가지 못한 것을 다시 한 번 사과하고 신경 써주는 배려를 잊지 말아야 한다. 또한 다음 약속을 기다린다는 마음을 솔직하게 전해줄 필요가 있다.

상대방은 지난번에 만나지 못한 것이 못내 아쉬웠을 터에, 정말 바쁜 일 때문에 오지 못한 것인지, 아니면 그냥 거절하기 위한 구실이었는지를 궁금해했을 수도 있다. 어쩌면 자신과의 약속보다 다른 약속을 우선시한다는 생각에 서운해하고 있을지도 모를 일이다. 그런 때 다시 한 번 상대방에게 '정말 가고 싶었다'는 마음을 전함으로써, 약속을 거절할 수밖에 없었던 당신의 상황을 이해하게 하고 오해의 소지도 없앨 수 있는 것이다.

꼭 정해진 약속을 지키지 못했을 경우에만 이런 방법을 쓰는 것은 아니다. 예를 들면, 지방에 있는 부모님을 자주 찾아뵙지 못하는 경우에, 이메일이나 문자를 통해 '뵙고 싶다'는 마음을 전해보자. 또는 오랫동안 못 뵌 고마운 스승님이나 선배에게 가끔씩 '보고 싶다'는 메시지를 전해보자. 부모님이든, 스승님이든, 선배든 "손아랫사람으로서 제가 먼저 찾아뵈어야 하는데, 사회생활로 찾아뵙지 못하고 있지만 언제나 생각하고 있습니다"라는 배려의 말을 그동안 잊고 소홀히 했던 '어른들'에게 전달해보는 것이다. 아마 이렇게 신경을 써주는 그 마음 자체가 고맙고 따뜻하게 전해질 것이 분명하다. 몸이 가지 못하면 목소리라도, 목소리도 가지 못하면 문자라도 보내서 '마음'을 표현하는 배려를 해보자.

초대받은 모임에 가지 못할 때는 '문자'라도 보내자

연회장에서는 리셉션이나 파티가 일상다반사로 열리고 있다. 업무적이든 개인적인 것이든 교제 범위가 넓은 사람은 여러 장소에 빈번히 초대된다. 따라서 초대장이 배달되어도 그렇게 깊이 생각하지 않고 참석 여부의 회신을 보내는 경우가 많다.

초대장을 받으면 가능한 한 빠른 시간 내에 참석 여부를 알려주어야 한다. 주최자로서는 요리의 준비 및 리스트 작성 등을 위해 참가자의 인원수나 이름을 되도록 빨리 파악해야 하기 때문에 빠른 회신을 해주는 배려를 고맙게 생각한다. 또한 참석한다는 답신을 받으면 꼭 참석하겠다는 감사의 마음도 전해지기 때문에 주최자의 마음도 들뜨게 된다.

한편, 리셉션의 목적에 따라 자신의 스케줄을 굳이 변경해가면서까지 참석할 필요가 없는 경우도 있다. 그러나 절대 잊어선 안 되는 것이, 초대하는 측에서는 당연히 꼭 참석해주었으면 하는 바람으로 초대장을 보냈다는 점이다. 그런 주최자의 의사에 대해서는 진지하게 생각해야 한다. 정말 참석할 수 있을 때 참석한다는 회신을 보내야 하는 것이다. 참석하겠다고 통지를 이미 했는데도 불구하고 급한 일이 생겨서 참석할 수 없을 때는 전화나 팩스 등으로 가능한 한 빠른 시간 내에 그 뜻을 전해야 한다. "많은 사람들이 모이는 장소니까"라고 방치해서는 안 된다. 주최자에 대한 소중한 배려가 필요한 것이다.

또한 당일이 되어, 그것도 바로 직전에 갑작스럽게 참석할 수 없게 되는 경우가 발생할 수도 있다. '주최자가 참석을 간절히 희

망하고 있는 사람'일 경우에는 즉시 주최자의 휴대전화보다는 연회장으로 연락을 하는 것이 좋다. 연회의 바로 직전이라면 주최자는 다른 준비로 매우 바쁘기 때문이다. 그러나 수많은 초청자들 중 한 사람일 뿐이라는 것이 확실한 때에는 연회장에 전화를 거는 것이 오히려 폐가 될 수도 있기 때문에 주최자의 휴대전화에 간단한 문자를 남겨주는 배려가 필요하다.

어떤 이유에서건 간에 만약 참석하지 못했다면 늦어도 다음 날에는 참석할 수 없었던 이유를 간단하게 적어서 사과편지를 보내자. 상대가 정식으로 초대장을 보냈기 때문에 그 형식에 따라 정식으로 답장을 보내는 것이 진정한 배려이자 예의이다.

많은 사람들이 초대되는 리셉션에 갑작스럽게 출석할 수 없었던 것에 대해 일부러 사과편지를 쓰는 사람은 거의 없다. 그러기에 예의 바른 사과편지는 상대에게 진심을 전하며 신선한 인상을 주고 그런 배려에 대해 감사한 마음이 들게 될 것이다. 부득이하게 참석하지는 못했지만 리셉션을 중시했다는 마음은 전해질 수 있을 것이다.

3

배려가 성공적인
비즈니스를 이끈다

미소 짓지 않으려거든
가게 문을 닫아라.

• 유태인 속담 •

영역 표시는 확실히 하자

동물들은 자신의 영역 표시를 한다. 호랑이도 사자도 원숭이도 각자의 영역 표시를 위해서 소변을 묻히기도 하고, 체취를 바르기도 한다. 그러나 인간은 문화적 동물이기 때문에 아무 데서나 소변을 보지 않는다. 설사 소변을 보았다고 해도 후각이 발달되지 않아서 남들이 알지도 못하고, 자신조차 어디에 소변을 보았는지 찾아낼 수가 없어서 영역 표시가 되지 않는다.

그래서 나는 새로운 영역 표시 방법을 제시하고자 한다. 자신

CHAPTER 3

● ● ●

231

의 집이나 회사 근처에서는 꼭 자신이 계산함으로써 영역 표시를 해보자.

지방에 있는 친구가 나를 만나러 상경했다면 그의 비용은 내가 부담하는 것이 원칙이다. 먹을 것은 물론, 교통비, 심지어 숙박비까지 전부 다 내가 책임지는 것이다. 숙박비까지 내줄 수 있는 경제적인 여유가 없다면 자신의 집에서 재워줄 정도의 마음가짐은 가지고 있어야 한다.

회사 간의 거래에서는 더욱 그렇다. 거래처 담당자가 우리 회사에 와서 회의를 하다가 회의시간이 길어진다면 당연히 식사 대접을 해야 한다. 내가 물건을 사는 사람이건 물건을 파는 사람이건 간에 '내 구역'에서라면 내가 영역 표시를 하는 것이 원칙이다. 상대방이 혹시 부담을 느끼고 있거나 미안해하고 있다면 "여기는 저희 회사 근처니까 제가 계산하고, 다음에 불러주시면 얻어먹겠습니다"라고 한마디 덧붙여주면서 자연스럽게 다음에 또 만날 것을 기약하면 된다.

혹, 상대방의 '영역'에 갔다면, 상대방도 '영역 표시'를 할 수 있도록 하자. 상대방의 단골집에서는 상대방이 계산해야 체면이 선다. 만약 상대방의 회사 근처인데, 꼭 대접을 해야 한다면 사전에 그 근처의 식당을 알아보고 예약을 하는 것도 괜찮은 방법이다.

거래관계도, 인간관계도 서로 주고받는 것이 많으면 많을수록 그 관계는 더욱 깊어지고 단단해진다. 한쪽에서 주기만 하는 것은 언젠가는 한계가 있게 마련이고, 결정적으로 인간미가 전혀 없기 때문에 더욱 깊은 관계로 발전하기 어렵다. 처음에는 이해타산에 의해 시작된 관계도 결국에는 사람과 사람이 하는 일이므로 어느 정도 인간적인 배려를 하는 것이 바람직하다.

접대의 기본 원칙을 잊지 마라

사업상 거래처 사람을 저녁식사에 초대할 때, 원칙적으로는 상대방의 회사까지 마중을 가서 모셔오고, 돌아가는 길은 집까지 모셔다드려야 한다. 즉, 처음부터 끝까지 상대방을 힘들지 않게 해야 하고, 그것도 부하나 기사를 시키지 말고 자신이 직접 하는 것이 가장 정중한 접대 방법이다.

그러나 현실적으로는 여러 가지 바쁜 스케줄이 있어 요정이나 식당에서 만나는 것이 일반적이다. 돌아갈 때에도 차를 준비한다면 대단히 정중한 방법이지만, 보통은 식사가 끝나면 헤어지는 경우가 많다. 물론 접대비 예산의 문제도 있겠지만, 반대로 그렇게까지 상대방을 구속하지 않는 편이 좋다고 생각하는 측면도 있다.

그러나 항상 '원칙'을 잊어서는 안 된다. 상대가 '마중 나와주었으면' 하는 분위기를 내비칠 때에는 마중을 가야 한다. 자가용이 없다면 택시로도 충분하다. 전철이나 지하철이 더욱 편리하다면 그것도 좋다. 중요한 것은 '마중을 간다'는 마음가짐을 상대에게 전하는 것이다.

식사 시에는 당연한 일이지만 상대방이 주역이라는 점을 잊어서는 안 된다. 자주 가는 식당의 경우, 식당주인에게 중요한 건 단골손님이기 때문에 상대방보다 나에게 더 호의적으로 대하는 경향이 있다. 따라서 미리 이야기를 하여 자신이 아니라 상대방에게 초점을 맞춰주도록 하고, 식사도 상대방을 우선시하도록 한다.

식당 사람들과 농담을 하여 단골이라는 인상을 풍기는 것도 상대방이 소외되는 느낌이 들게 하므로 별로 좋지 않다. 잠시라도 상대보다 자신이 즐기는 일이 있어서는 안 된다고 마음을 다잡아두는 것이 좋다.

스포트라이트는 항상 주역인 상대방에게 맞추고 자신은 제2선을 지킨다. 식사의 속도도 상대방에게 맞춘다. 특히, 양식 메인요리의 경우에는 대개 동시에 끝낼 수 있도록 자신의 스피드를

조절한다. 이런 세세한 마음 씀씀이는 그것이 세세하기 때문에 오히려 상대에게 전해지는 것이다.

귀가할 때 차가 없으면 택시를 태워서 보내거나 지하철을 탄다고 하면 가까운 지하철역까지 동행한다. 자신과 비록 방향이 다르더라도 식당 앞에서 헤어지지 말고 함께 걸어간다. '끝이 좋으면 만사 OK'라는 말이 있듯이 상대는 마지막까지 배웅을 받았다는 만족감에 젖어 귀가하게 될 것이다.

:

언제 어디서나 손님이 '최우선'이다

접대하는 사람은 '손님을 항상 우선시한다'는 원칙을 잊어서는 안 된다. 상대방이 자기보다 한참 나이가 어리더라도 그 원칙에는 변함이 없다. 걸을 때는 손님이 먼저 가도록 하고 앉을 때는 상석에 앉게 한다. 글자 그대로 '대단히 정중하게 대접한다'는 인상을 전해주어야 한다.

격식 있는 요정이나 레스토랑에서는 상석에 앉은 손님부터 서비스를 해주니 별문제 될 게 없지만, 그렇지 않은 곳에서는 항상 자신이 신경을 써서 상대방에게 먼저 서비스를 하도록 부탁한다. 일반 술집이나 커피숍 같은 곳에서는 귀찮아할지 모르지만 그건 접대하는 측의 솜씨에 따라 달라진다.

귀한 손님일 경우, 원칙적으로 그런 곳에 모시고 갈 일이 아니나, 피치 못할 사정으로 그렇게 되었다면 최대한의 노력을 한다. 자신의 쪽에 먼저 내와서 순서를 지키지 않은 것들의 경우에는 그때마다 상대방 쪽으로 보내며 사과를 한다. 귀찮겠지만 매번 신경 써가면서 대응할 필요가 있다. 요점은 상대방이 마음으로부터 대접받았다는 즐거움을 느끼게 하기 위해서는 '원칙을 지키려는 자세'가 필요하다는 것이다.

식당 등을 출입할 때도 같다. 아는 데니까, 라고 일사천리로 먼저 가는 것은 좋지 않다. 상대방이 "먼저 가시죠"라고 양해를 하지 않는 한, 항상 상대방을 먼저 가게 하고 자신은 따라가는 형태를 취한다. 먼저 가야 할 필요가 있을 경우에는 "먼저 실례합니다"라고 하고 선두에 선다.

엘리베이터에 탈 경우에는 문을 열고서 상대방을 먼저 태운다. 내릴 때도 상대방을 우선시한다. 단 엘리베이터가 붐빌 때처럼 자신이 먼저 내리는 것이 좋다고 판단될 때는 먼저 나가는 것이 어쩔 수 없지만, 원칙을 어겼을 때는 그때마다 "실례합니다"라는 한마디를 덧붙여야 한다.

택시를 함께 탈 경우에는 운전사의 뒷좌석처럼 가장 불편한 좌석에 자신이 앉도록 한다. 상대방이 여러 명일 경우는 조수석에 앉는다. 물론 요금을 상대방이 내게 해서도 안 된다. 상대방이 차로 귀가할 때는 차를 탈 때까지 같이 있으면서 필요하다면 차 문도 열어주어야 한다. 차를 배웅한 후에 차가 출발해도 자신의 시야에서 차가 사라질 때까지 계속 보고 있어야 한다. '이별을 아쉬워한다'는 모습을 보여주는 것이다.

'오늘은 즐거웠다'고 생각하는 상대방일수록 차 안에서 한 번쯤은 뒤돌아보게 된다. 그때 모습이 보이지 않거나 다른 곳을 보고 있다고 실망은 하지 않겠지만, 차가 사라질 때까지 배웅하고 있는 모습을 보게 되면, 접대로 즐거웠던 마음이 두 배로 더 즐거워질 것이다.

한 번이라도 '상대방을 우선한다'라는 원칙이 깨졌을 때는 상대방의 마음에 구멍이 생긴다. 그 마음의 구멍 속으로 그동안 쌓아왔던 좋은 모습이 빨려 들어가 없어져 버릴 수 있기 때문에 지속적으로 원칙을 지키도록 노력하지 않으면 안 된다.

'현명한 바보'만이 유능한 술상무가 된다

"나는 웃기는 사람이지만, 남에게 우스운 사람으로 평가받고 싶지 않다."

바로 고 서영춘 코미디언이 남긴 명언이다. 평생을 코미디언으로 살면서 온 국민에게 웃음과 즐거움을 선사한 그는 항상 '우스운 사람이 되지 말자'고 다짐했다고 한다.

'웃기는 사람'과 '우스운 사람'은 종이 한 장 차이다. 특히 술자리에서는 더욱 조심해야 한다. 술자리에 '웃기는 사람'이 있으면 항상 밝은 분위기로 웃음이 끊이질 않는다. 흥이 깨지다가도 금방 흐름을 유쾌한 방향으로 돌려놓기 때문이다.

그러나 '웃기는 사람'도 그냥 계속 웃기기만 하면 '웃기기만 하는 사람'으로 전락해버릴 수가 있고, 결국은 '우스운 사람' '싱거운 사람'이 되고 만다. 고 서영춘 코미디언이 되고 싶어하던 '웃기는 사람이지만, 우스운 사람이 아닌 사람'을 나는 '현명한 바보'라고 표현하고 싶다.

특히 술자리에서의 '현명한 바보'는 그야말로 '바보'처럼 흥을 돋운다. 그러나 흥을 돋우기만 하지는 않는다. 약간 쉬는 사이에도 술을 좋아하는 사람에게는 절대로 술잔이 비워 있지 않도록 항상 신경을 쓰고, 같이 어울리지 못하는 사람이 있으면 자연스럽게 동참을 유도한다. 말수가 적은 사람에게는 적극적으로 이야기를 건다. 술자리만큼 말 걸기 좋은 분위기는 없기 때문이다.

접대 술자리에서 이런 '현명한 바보'의 능력은 최고로 발휘된다. 노래로, 춤으로, 넥타이로, 재미있는 이야기로, 하여간 어떤 수단으로든 상대방을 기쁘게 하기 위해서 최선을 다해서 '바보'가 된다. 그러나 결코 자신이 혼자 즐기고 있다는 느낌은 주지 않으며, 항상 상대방을 배려함으로써 상대방을 편하게 해준다.

그리고 '현명한 바보'의 가장 중요한 점은 절대로 먼저 취하지 않는다는 점이다. 아무리 흥을 돋우고, 노래를 잘하고, 술자리를 즐겁게 해도, 먼저 취해서 자버리거나 어디론가 사라지게 되면 그때까지 했던 모든 행동들은 묻혀버리고 만다. '자기조절을 하지 못하는 사람' 또는 '책임감이 없는 사람'으로 낙인찍힐 뿐 아니라, 다시는 그 사람과 거나한 술자리를 가질 기회가 없어지기 때문에 가장 주의해야 한다.

외국 손님과의 첫인사도 문제없다

외국어로 말을 할 줄 알고, 외국인과 교류가 많은 사람은 외국인과의 첫 대면에서 인사하는 방법을 잘 알고 있다. 해외에서는 대개 서양식이 일반적이다. 상대방이 미국이나 유럽 사람이 아니라 일본인이거나 중국인인 경우에도 서양식에 따라 행동하면 아무런 문제가 없다.

현직에 있을 때 1년 중 반 이상을 해외출장으로 시간을 보낸 경험이 있는 본인이 본 바로는 서양 사람들은 첫인사를 할 때 반갑다고 악수하면서 대부분 상대방의 눈을 쳐다본다. 이른바 '아이콘택트Eye Contact'를 하는 것이다. 처음에는 너무나도 적나라하게 빤히 쳐다보는 파란 눈의 상대방이 조금 부담스럽기도 했지만, 아이콘택트는 서양 사람들에게는 '당신을 더 알고 싶습니다'라는 예의의 표시이기도 하다는 것을 알고는 부담감이 좀 사라졌다.

만약 눈을 피하면서 인사한다면 상대방이 반갑지 않다는 뜻이 되어 실례가 되는데, 우리나라 사람들은 처음 악수하며 인사할 때 보통 고개를 숙이면서 인사하는 경향이 있어 오해가 생기는 것이다.

또한, 악수를 할 때 서양 사람들은 우리나라 사람들보다 더 강하게 쥐는 경향이 있다. 어떤 이에게 물어보니, 악수를 강하게 하는 것은 일종의 '적극성'을 표현하는 것으로 쉽게 말하자면 "당신과의 일을 적극적으로 하고 싶습니다" "나는 당신을 만나 고무되었습니다" 등의 표현이라고 한다.

나도 처음에는 그들의 방식을 책으로 공부하기도 하고, 경험으로 체득하여 그들의 문화를 따르려고 노력을 많이 했었다. 그러나 언제, 어디서, 누구를 만나든, 첫 대면이라는 것은 긴장되는 법이다. 특히, 비즈니스에서는 첫인상이 매우 중요하기 때문에 더욱 신경이 쓰여 더 긴장하게 된다. 더군다나 몸에 익지 않은 서양식 인사법을 하려고 하면 특히 신경이 쓰인다.

이렇게 그들의 문화에 서툴다면, 그냥 우리 식으로 인사해보자. 처음 만나면 흔히 우리가 하듯이 고개를 숙이며 정중하게 "안녕하십니까? 반갑습니다"라고 인사를 해보자. 언어도 우리말을 써도 상관없다. 아니, 오히려 고개 숙여 인사하는 경우에는 우리말이 더 자연스럽다. 우리가 서양에 대해서 이유 없는 동경을 지니고 있듯, 서양 사람들 역시 동양에 관해서 막연한 신비감을 가지고 있다. 어색하게 서양식 인사를 하는 것보다 깔끔하게 우리 식으로 인사를 하면, 오히려 새롭고 신비한 동양 문화를 접하는 상대방은 매우 기뻐할 것이다. 특히 우리나라에 처음 와본 사람이라면 더욱 그럴 것이다. 여기에다 '안녕'이라는 단어는 상대방의 '평안함'을 기원하는 뜻이고, 고개를 숙이는 것은 상대방에 대한 '존경심'의 표현으로, 예전에는 임금님에게 모두 고개를 숙였다는 이야기를 곁들여주면 그야말로 금상첨화이다. 오히려 악수를 하면서 어정쩡하게 고개를 숙이는 것이 더 안 좋다. 악수도 우리 식대로 가볍게 하면 된다.

'문화'라는 것이 가지고 있는 힘은 매우 크다. 상대방은 동양의 새로운 문화를 접하고 서로가 가지고 있는 문화적, 환경적 차이를 인정하게 된다면, 인간관계든 비즈니스든 순조롭게 이루어질 것이다.

배웅을 할 때도 잊지 말아야 할 것

방문해준 손님을 배웅할 때는 일부러 방문해준 것에 대해 감사의 뜻을 나타내자. 얼마나 멀리까지 가서 배웅을 하느냐에 따라 나타내려는 감사의 크기를 알게 된다. 회의를 했던 회의실에서 그대로 헤어지는 것은 상대를 상당히 얕보고 있다는 증거다. 물건을 구매하는 입장에 있더라도 거래를 하고 있거나 거래를 할지도 모르는 관계에 있을 때는 대등한 입장에 있는 사람으로 존중해주어야 한다. 따라서 당연히 회사의 입구나 엘리베이터까지 배웅하는 것이 원칙이다.

예를 들어 입구 끝에 엘리베이터가 있다면, 손님이 엘리베이터에 타고 문이 닫힐 때까지 허리 숙여 배웅하는 것을 권한다. 때로 모처럼 엘리베이터까지 같이 갔음에도 불구하고 문이 닫히려고 하는 중에 발길을 돌리는 사람이 있다. 그것이 바로 '끝마무리'를 제대로 하지 못하는 행동인 것이다. 엘리베이터에 타고 있는 사람은 입구 방향으로 돌아가려고 하는 사람의 움직임이 보이기 때문에 마지막까지 배웅을 받았다는 생각이 들지 않는다.

또, 배웅할 때 문이 있는 경우에는 자기가 문을 열고 상대를 통과시키는 것이 예의에 맞다. 엘리베이터 홀에서도 약간 뛰더라도 먼저 가서 버튼을 누르는 것이 손님을 대우하는 자세다. 상대가 손아랫사람이건, 공손한 태도를 취해야 하는 좋은 거래처이건 관계가 없다. 방문한 사람을 중요한 손님으로서 정중하게 대우하는 자세는 약간 먼저 뛰어가서 손님을 위해 뭔가를 하겠다는 행위에서 확실히 나타난다. 특히, 그런 정중한 응대를 해주는 사람이 손윗사람이거나 큰 단골 거래처의 사람인 경우에는 대접받은 측으로서는 작은 일이지만 인상 깊게 느끼고 결과적으로 감격하게 될 것이다. 또한 손님을 위해 엘리베이터의 문을 열어주는 행동도 단순하게 보일지 몰라도 마음을 끝까지 다하는 사람의 진정성이 묻어난다. 손님을 정중히 모시겠다는 마음가짐이 확실한 형태로 나타나고 있기 때문이다.

입으로만 "감사합니다"라고 해서는 마음이 통하지 않는다. 태도로 보여주고, 특정한 행동을 통해서 전할 필요가 있다. 더구나 최후의 순간까지 철저하게 다하지 않으면 안 된다. 절차를 생략하거나 도중에서 그만둘 거라면 오히려 처음부터 안 하는 편이 말끔하기도 하고 논리적으로도 맞다.

웃는 얼굴이 기분 좋을 때, 웃는 얼굴마저 기분 나쁠 때

패스트푸드점에 가면 기계적인 대응을 받는다. 활기 있고 밝은 표정으로 맞아주니 기분이 나쁘지는 않지만 뭔가 인간미가 느껴지지 않는다. 언제나 동일한 틀에 매여 있는 대응이기 때문이다. 자세한 부분까지 정해져 있는 매뉴얼에 따라 움직이고 있는 결과여서 어찌 보면 기계장치를 한 인형이 서비스하는 것과 다를 바가 없다.

따라서 그들은 매뉴얼에 써 있지 않은 일이 일어나면 어떻게 해야 할지 모른다. 어떻게 하면 좋은지 자신이 생각하려 하지 않고, 배우지 않은 일은 할 수 없다고 생각해서 동작을 멈춰버린다. 또한 손님에게도 가게의 시스템에 따라 행동하기를 요구한다. 자신들의 어떤 이유에 의해 가게의 흐름이 정지하는 결과가 오면, 기계장치를 한 인형은 움직임을 멈춰버린다. 임기응변으로 대응하는 '인간'의 능력이 발휘되는 일은 없다.

서비스의 균일화는 손님에게 만족을 안겨줌과 동시에 작업의 효율을 위한 것이다. 균일화라는 것은 어느 정도까지 그레이드를 올리는 것이나 일정한 수준에 달하면 그 이상 올라가지는 않는다.

일반적으로 사회는 '개성'의 발휘에 중점을 놓고 생각하는 경향도 있지만 '평등'이라는 명목하에 균일화를 추구하려는 경향도 있다. 이런 상반된 움직임 안에서 능수능란하게 밸런스를 잡아가며 앞으로 나아가기 위해서는 자기 자신이 생각해서 행동할 필요가 있다. 매뉴얼도 중요하지만 어느 정도 능숙해지면 그 이후에는 손님에게 서비스한다는 원점으로 다시 돌아가서 생각해볼 필요가 있다. 그런 자세를 취해보면 일정한 수준 이상의 서비스가 가능해진다.

예를 들어 인사 방법을 생각해보자. 획일적으로 "어서 오세요"라며 합창이나 윤창으로 맞아들여도 손님은 감동받지 않는다. "주문 도와드리겠습니다"라고 덧붙인다고 해도 마찬가지다.

손님의 얼굴을 쳐다보며 그 이상의 뭔가를 말해본다. "오랜만에 날씨가 맑아져서 기분이 좋네요"라든지 "밖이 춥지요" 등 약간 개성적인 말을 걸어본다. 그런 인사를 받은 손님은 자신을 손님이 아닌 개인으로 응대해준다는 걸 알게 된다.

패스트푸드점이니까, 라는 생각으로 식사에만 초점을 두어서는 안 된다. 누구나 사람이 가는 곳은 어디든지 무의식적으로 인간적인 따스함을 요구한다. 손님과 어떻게 '교감'할 것인지는 매뉴얼에 나와 있지 않다. 각자의 개성에 따라 대응하는 것 이외에는 방법이 없다.

뛰어난 고객 서비스로 미국 최고의 백화점이 된 노드스트롬 백화점이 그 좋은 예라 할 수 있다. 이 백화점은 오직 단 한 가지의 근무 규칙을 가지고 있는데, '모든 상황에서 스스로 최선의 판단을 내릴 것. 그 밖의 다른 규칙은 없음'이 그것이다. 바로 이런 원칙이 각자의 개성에 따라 대응하는 것이 가능하게 했고, 고객에게 절대로 'No'라고 얘기하지 않는 최고 서비스의 백화점을 만들어낸 것이다.

취미가 중요한 이유

우리는 대부분 일을 한다. 생계를 위해서, 자아실현을 위해서, 그냥 일이 좋아서, 꿈을 이루기 위해서, 각자 여러 가지 이유로 일을 한다. 그리고 어차피 일을 해야만 한다면 열심히 하는 편이 자신을 위해서도, 회사를 위해서도 좋다는 것을 알기 때문에 일에 진지하게 매달리게 된다. 그러나 진지함의 정도를 넘어서 심각하게 일에만 매달리고 있다면 삶이 단조로워짐은 물론이고 당연히 삶의 윤택함도, 정서도 없어진다.

또한 일밖에 모르는 사람은 난관에 부딪혔을 때도 유연하게 대처하지 못하고 돌파구를 찾아내지 못하는 경우가 많다. 그래서 사람들은 일 이외의 다른 세계를 접하면서 여유를 찾고자 하며, 그것 중의 하나가 바로 '취미'이다.

태권도, 유도, 권투, 합기도, 검도 등과 같은 격투기도, 사이클, 마라톤, 스키, 스노보드, 수영, 등산, 골프, 축구, 야구 등 일반 스포츠도, 피아노, 합창, 바이올린, 외국어, 서예, 원예, 요리, 바둑 등 다소 정적인 취미도 좋다. 심지어 요즘에는 게임, 만화, 춤 등 학창시절에 부모님이 못 하게 하시던 것조차 취미로 인정되며, 어떤 이에게는 이것들이 직업이 되기도 한다. 그만큼 취미의 세계가 넓어지고 다양해졌다는 말이다. 요즘 같은 인터넷 시대에는 '지우개 가루로 로봇 만들기'나 '각종 과자 개수 세기' 등 다양한 취미를 가진 사람들의 행동에 네티즌들이 열광하기도 한다.

취미가 가지고 있는 힘은 상당히 크다. 평생을 열악한 지역의

환자를 돌보면서 살았기에 '성인聖人'이라고까지 불리는 슈바이처 박사가 세계적인 오르간 연주자였다는 사실은 많이 알려진 사실이다. 그 척박한 땅에서, 그 어려운 환경에서, 그를 마지막까지 성인으로 살 수 있게 해준 것은 사명감과 오르간이 아니었을까?

또한, 전 IOC부위원장이며 태권도 전도사인 김운용 씨도 거의 피아니스트 수준의 피아노 실력을 지니고 있다. 그는 우리나라의 태권도를 다듬어 세계만방에 알린 공로자였고, 올림픽위원회의 부위원장의 자리까지 올라간 사람이다. 그를 만난 사람은 대부분 그의 수준급 피아노 실력에 감탄했고, 그가 국제무대에서 외교관보다 더 큰 역할을 할 수 있었던 데에는 그의 취미가 분명히 한몫했을 것이라 생각한다.

접대라고 하면 대부분 술을 생각하지만, 요즘에는 시대가 바뀌어서 더 이상 '접대=술'이 아니다. 만나는 장소도 식당이나 술집에 한정되지 않고, 어떤 경우에는 파티와 같은 자리가 되기도 하며, 자신의 집으로 초대하기도 한다. 또한 골프 접대, 콘서트 접대 등 술 이외의 접대도 많이 생겨났다.

그런 의미에서 취미는 꼭 필요하다. 요즘은 국제적으로 큰 사업을 하고 싶다고 생각한다면, 골프 같은 스포츠도 해야 하고, 문화에 대한 조예도 있어야 한다. '접대'라고 하는 것은 더 이상 상대방에게 술을 마시게 하는 것만을 의미하는 것이 아니다. 접대란 어떠한 형태로든 상대방을 기쁘게 만들어주는 것임을 잊지 말자. 상대방의 취미가 무엇이며, 그의 관심 분야가 무엇인지를 알면 그를 어떻게 기쁘게 할 수 있는지 쉽게 알 수 있을 것이다.

4

배려가 담긴 선물만이
마음에 남는다

선물 받을 때의 배려

사람에게 선물을 했을 때 기뻐하며 고마움을 나타내주면 안심이 된다. 상대가 기뻐할 것이라고 생각해서 고른 것을 눈앞에서 기뻐해주고 고마워하면, 선물을 준 당사자는 무척 만족스럽다.

그러나 간혹 시간이 지나서 의구심이 들 수도 있다. 정말로 기뻐한 것일까? 내 앞에서만 고마운 척한 건 아닐까? 사실은 집 안 한구석에 처박아둔 것은 아닐까? 괜히 돈 낭비만 한 건 아닐까? 등등. 그렇다고 해서 일부러 상대에게 "맛이 있었나요?"라든지

“잘 사용하고 계십니까?”라고 물어볼 수도 없다.

선물을 받은 사람은 선물을 준 사람의 심리 상태를 조금 더 생각해서 어떻게 사용하고 있는지 상대에게 전해주는 배려가 필요하다. 감사편지를 쓰는 것도 한 가지 좋은 방법이다. 그러나 작은 선물인 경우에는 일부러 감사편지까지 쓸 필요는 없고 만났을 때 잊지 말고 고마운 마음을 전하자.

이럴 때는 한마디로 충분하다. “맛이 있어 애들도 즐겁게 먹었다”라든가 “아주 유용해서 아껴 쓰고 있다”는 등의 말로 간단하게 설명하고 다시 한 번 감사의 마음을 전한다. 실제로 기뻐했다는 사실이 확인되기 때문에 보내준 사람도 기뻐한다. 받은 직후 만날 기회가 있었는데도 불구하고 받은 물건에 대하여 아무 말도 하지 않는다면, 보낸 측으로서는 마음에 들지 않았던 게 아닌가 하고 걱정을 하게 된다.

또한, 자주 만나는 사람으로부터 몸에 걸치는 물건을 받았을 경우에는 사용하고 있는 모습을 보여줘라. 예를 들어, 넥타이나 스카프를 받았을 때 선물을 해준 사람 앞에서 직접 매보면서 잘 어울린다는 감사의 말을 전한다. 혹시나 그럴 경황이 없다면 후에 만날 기회가 있을 때 그에 어울리는 옷을 골라 몸치장을 한 후 감사의 뜻을 전하면 된다.

상대방은 금세 알아보겠지만 "이게 마음에 들어서"라고 하며 자주 사용하고 있음을 센스 있게 알려주는 것도 좋다. 보내준 물건을 사용하고 있는 것을 자신의 눈으로 확인하면 상대방도 기뻐하게 되고, 결과적으로는 다음에도 다시 뭔가 선물해서 기쁘게 해야겠다고 생각하게 된다. '선물을 줘서 얻는 기쁨'을 상대방에게 줄 수 있는 사람이 되는 것이다.

집 안에서 사용하는 물건이라면 그 사람이 방문할 때 꼭 사용해보자. 그만큼 화제가 많아지고 대화도 풍성해진다. 비록 그 물건이 조그마한 선물인 경우라도, 혹은 여러 사람에게 나눠준 물건 중 하나라고 하더라도, 선물한 사람은 심사숙고하여 선택했을 것이고, 무겁고 불편함에도 불구하고 선물을 주려고 수고하지 않았는가? 이러한 상대방의 '배려'가 있기 때문에 그에 대한 감사의 마음을 표현하지 않으면 안 된다. 물건을 받았을 때 능숙하게 기뻐해 보이는 것도 중요한 배려임을 기억하자.

똑같은 선물을 두 개 준비하면 인상은 두 배로 깊어진다

선물을 할 때 주의해야 할 점은 상대가 부담을 느끼지 않도록 해야 한다는 것이다. 받은 사람이 어떤 대가를 해줘야 한다는 강박관념이 생길 수도 있기 때문이다. 따라서 선물을 해주는 상대가 아무리 친한 사이라도 신중하게 판단해야 한다. 남에게 아무렇지 않게 자랑할 수 있을 정도의 부담 없는 선물이 좋을 것이다.

여행을 좋은 기회로 이용해보는 것도 좋다. 토산품 명목으로 사 간다면 그렇게 부자연스럽지가 않다. 지나치게 독특한 물건이 아니고, 특히 해외여행이라면 스카프나 넥타이 등의 저렴하고 일반적인 물건이면 충분하다.

그러나 이것만으로는 뭔가 부족하다. 너무 저렴한 것 같기도 하고, 너무 평범한 것 같기도 해서 상대방에게 아무런 인상을 심어줄 수 없을 것 같다. 그렇다고 선물을 안 하기도 조금 찝찝하다. 이런 경우 평범함에 약간 독특함을 가미해서 상대방의 마음에 강한 인상을 남겨보자. 동일한 물건을 두 개 선물해보는 것이다. 선물을 받은 상대는 왠지 의아해할 수도 있지만 동일한 물건을 두 개나 받았다는 사실이 기억에 강하게 남게 된다. 동일한 물건은 보통 다른 사람과 나누어 쓸 수 있기 때문에 나누면서 또 한 번 선물을 준 독특한 당신을 떠올리며, 선물을 나눈 그 사람과 함께 기뻐할 수 있을 것이다.

이 방법은 어찌 생각하면 이상하다고 여겨질 수도 있다. 그러나 '이상한 것'과 '독특한 것'과는 종이 한 장 차이다. 상대가 호감을 가졌다면 이 방법은 '독특하고 독창적인 방법'이 된다. 반대로 약간 '이상하다'고 생각된다 해도, 선물 자체가 정말 이상한 것이 아니라면, 인상에 강하게 남기 때문에 다른 사람보다 더 '특별한 사람'이 되는 것이다.

때로는 질보다 양

내가 일본에 주재원으로 있을 때 스모경기에 초대받아 간 적이 있다. 텔레비전으로 보는 것과는 달리 스모는 매우 박력 있는 스포츠다. '도효'라는 씨름판 위에서 벌어지는 두 스모 선수의 심리전을 시작으로 경기 중에 보여주는 힘겨루기 그리고 승부에 이르기까지, 순식간이지만 상당히 재미있다.

입장권이 매우 비싼 편이기는 하지만, 들어갈 때 쇼핑백에 한가득 관전하면서 먹을 수 있는 음식을 준다. 관람석은 주로 네 명이 한곳에 앉을 수 있게 되어 있는데, 솔직히 네 명이 앉기에는 너무너무 비좁다. 무릎을 꿇어도 책상다리를 해도 습관이 되지 않은 사람에게는 꽤나 힘든 일이다. 게다가 음식까지 펼쳐놓으려면 정말 궁핍하기 그지없는 자리다. 그래도 관전하면서 먹고 마시는 즐거움이 있어서 이런 불편함은 문제될 게 아니다. 술 좋아하는 사람의 경우 맥주나 정종을 마시며 안주라도 먹고 있으면 다리 아픈 것도 잊어버린다.

요리도 푸짐해서 여러 종류의 마른안주에 도시락, 그리고 디저트까지 포함되어 있다. 특히, 정식 경기(정식 경기 전에 후보 선수들의 경기가 있다)만 보는 경우에는 많아야 스물여섯 경기뿐이기 때문에 마른안주 정도밖에 먹을 시간이 없어 쇼핑 가방에 가득한 요리 대부분은 고스란히 선물 형태로 집으로 가져가게 된다.

경기가 종료되어 돌아갈 때는 또다시 큰 쇼핑 가방 가득히 선물을 받는다. 그 안에는 스모와 관련된 디자인을 그린 도자기나 센베이 과자, 만두 등 일본색이 짙은 과자가 여러 종류 들어 있다. 양손에 큰 종이봉투를 들고 기분 좋게 돌아가면 몸도 마음도 충만한 느낌을 받는다. 국기원(일본의 공식 스모 경기장)에서 사람들이 나오는 걸 보던 아이가 엄마에게 "국기원에서 바겐세일을 하고 있어요?"라고 물었다는 말이 있을 정도로 많은 사람들이 양손에 같은 쇼핑 가방을 들고 만족한 표정으로 나온다.

집에 돌아갔을 때 많은 선물을 받은 가족들은 대단히 기뻐한다. '여러 가지가 많이 있다'는 것이 기쁜 것이다. '뭐가 들어 있을까?' 상상하면서 부푼 가슴으로 종이봉투를 하나씩 풀어가면 집

안에도 풍성한 기운이 느껴진다. 금액으로 따져보면 얼마 안 되는 것이지만 여하튼 '물량'에 압도당하는 느낌이 든다. 너무 비싼 선물을 할 수 없다면 이런 점을 한번 응용해보자. 작은 배려로 가득 찬 선물이 상대방의 손과 마음을 만족시켜줄 것이다.

받은 선물을 전할 때의 예의

초대를 받았을 때 선물 받은 물건을 들고 가서 재활용하는 사람이 있다. 이럴 때 '받은 물건이라서 어떨지 잘 모르겠지만'이라고 자신이 탐나지 않는 물건이니까 가지고 왔다는 것을 너무 명확하게 말하는 사람이 있다. 이것은 매우 배려 없는 행동이다.

게다가, "어떨지 잘 모르겠다"라고 하는 것은 '이상해도 자기 책임이 아니다'라는 뜻도 있다.

우선, 자기가 필요하지 않은 물건은 다른 사람에게도 필요하지 않다고 생각하는 것이 좋다. 즉, 자기가 탐나지 않는 물건을 다른 사람에게 줘서는 안 된다.

상대가 좋아하는 것에 대하여 충분히 알고 있고, 선물을 열어보면 상대가 기뻐할 것이라는 확신이 설 때, 받은 물건을 그대로 주어도 된다. 그러나 그 경우에도 받는 사람에게 필요한 것인지를 사전에 물어보는 것이 예의다.

소비하지 않고 버리는 것은 나쁜 것이지만, 자기가 필요하지 않은 물건을 다른 사람에게 주는 것은, 결국 상대에게 '버리는 것'이기 때문이다. 겉으로는 배려를 하는 것처럼 보이지만 실제로는 부담을 주는 일이 될 수도 있기 때문에, 잘 생각한 후에 행동해야 한다.

혹시 받은 물건을 그대로 줘야 하는 일이 생기는 경우, 단순히 받은 걸 그대로 주는 건 별로 인간미가 없다. 뭔가 자신만의 '맛'을 첨가시켜보자. 작은 것이라도 좋으니까, 자기가 산 물건 또는 만든 물건을 하나 정도 곁들이는 것이 좋다. 그러면 상대방이 적어도 불쾌하게 느끼지는 않을 것이다.

기념일에 초대하는 경우,
꼭 답례품을 준비하라

인생을 살다 보면 여러 가지 챙겨야 할 기념일들이 있다. 돌잔치, 생일, 결혼식, 집들이, 환갑, 칠순 잔치 등등 기본적인 것만 따져봐도 상당히 많다. 게다가 회사 생활을 하다 보면 거래처 사람들을 초대하는 자리도 있을 수 있고, 사장이라면 직원들과 함께 하는 송년회 등 각종 회식자리가 있을 수 있으며, 자신의 책을 출간하는 사람은 출판 기념회를 하기도 한다.

이러한 경우, 대부분의 사람들은 나를 위해 휴식을 반납하고, 휴일임에도 옷을 차려입고 와서 축하금을 주고, 사진도 같이 찍어주고, 행사가 끝날 때까지 함께해준다. 물론 축하해주러 왔기 때문에 그 모든 것을 감수해야 한다고 말하면 더 할 말은 없지만, 그래도 나를 위해서 와주신 분들께 감사하다는 마음을 전할 수 있는 간단한 답례품을 준비해보는 것은 어떨까?

가끔 돌잔치를 가면 나오는 길에 돌떡을 받아오게 된다. 나는 떡을 그리 좋아하지는 않지만, 돌떡을 받을 때는 왠지 기분이 좋다. 물론 관습이라고는 하지만, 돌잔치를 준비하는 당사자가 다른 음식을 준비하는 것도 바빴을 텐데, 선물까지 준비해놓았다는 것 자체가 매우 고맙게 느껴진다.

이런 돌잔치 외에 다른 기념일에도 간단하게나마 선물을 준비해보는 건 어떨까? 너무 비싼 물건일 필요는 없다. 너무 비싼 물건은 준비하는 사람도 부담스럽지만, 받는 사람도 부담스러울 수 있기 때문이다. 또한, 너무 커다란 선물은 준비하지 않는 것이 좋다. 일부러 멀리서 왔는데, 또 그 큰 선물을 가지고 멀리 돌아가려면 거추장스럽기 때문이다.

특히, 회사에서 거래처 담당자를 초대하는 경우, 상대방은 '할 일도 많은데 귀찮다'고 생각할 수도 있다. 그 거래처 담당자의 경우도, 자신의 할 일을 제쳐두고 일부러 시간을 내서 오는 것이기 때문에 그냥 돌려보낸다면 예의가 아니다. 이럴 경우, 회사에 필요한 선물보다는 가족에게 필요한 선물을 준비하는 것이 좋다. 회사를 위한 선물인 경우, 그 담당자 자신에게는 별로 도움이 되지 않을뿐더러, 다음 날 아침에 일부러 챙겨서 회사에 가져 가야 하는 번거로움까지 줄 수 있다. 그런 경우는 역효과라고 할 수 있다. 귀가 후, 가족들이 좋아할 만한 답례품을 준비해서 훌륭한 아버지가 될 수 있도록 하라.

가까운 친지를 초대하는 경우는 간단한 과자세트 같은 것이라도 좋다. 기념할 만한 귀여운 수건도 좋고 머그컵 같은 것도 좋다.

저렴하고, 대중적이고, 들고 다니기 쉬운 물건일수록 좋다. 거기에다 "와주셔서 감사합니다" 정도의 메모를 같이 첨부한다면 더할 나위 없이 좋다.

갑작스러운 선물이 주는 즐거움

생일, 결혼기념일, 크리스마스 등 기념할 만한 날에는 축복받을 상대에게 축복의 뜻을 담아 선물을 한다. 물자가 흘러넘치는 시대이기는 하나 선물을 받아서 기뻐하지 않을 사람은 없다. 선물로 받은 '물건'에 의해 인간의 물욕이 채워져서 기쁜 것도 있겠지만, 그 이상으로 선물에 담겨 있는 상대의 마음이 고마운 것이다.

물론 "축하한다"는 말 한마디 듣는 것만으로도 충분히 기쁘다. 하지만 그 한마디에 선물이 함께한다면 더욱더 깊은 관심을 표현할 수 있다. 또한 입으로 한 축하의 말은 입에서 나옴과 동시에 사라져버리지만 받은 물건은 그대로 남아 있기 때문에 볼 때마다 상대의 마음을 돌이켜보게 된다. 영속성이 있는 것이다.

그런데 기념일에 축하한다는 말을 듣고 선물을 받는 것은 누구나 어느 정도는 예상하고 있는 일이기도 하다. 으레 짐작되는 선물도 즐거움을 줄 수 있겠지만 상대가 전혀 예상하지 못할 때에 선물을 해보는 건 어떨까. 기념일에 선물하는 것은 형식적인 면도 있으나 갑작스러운 선물은 100퍼센트 마음이 담겨 있기 때문에 그 기쁨은 몇 배로 커질 것이다.

다만, 선물하려고 생각한 동기에 대하여 설명하지 않으면 안 된다. 아무런 이유 없이 선물을 받는 경우에는 다소 부담스럽게 느낄 수도 있기 때문이다. 가족이나 친구 등 친한 사이에서는 상대가 좋아하는 물건에 관해서 알고 있기도 하고, 평상시에 무엇을 갖고 싶어하는지도 알고 있다. 따라서 그냥 "지나다 보니 보이더라" "평상시부터 갖고 싶어했잖아" 등 있는 그대로 솔직하게 이야기하면 된다. 또 아주 친한 사이라면 "갑자기 생각나서"라든가 "언제나 변함없는 우정을 위하여" 등의 이유도 좋다.

좀 더 재미있게 하기 위해서 자기 나름대로 특별한 기념일을 지정하는 방법도 있다. 옛날 수첩이나 일기 등을 참고하여 뭔가 기념이 될 만한 것들이 없을까 찾아본다. 예를 들면, 이사한 날이나 설악산 여행한 날 등 여러 가지의 기념할 만한 날을 찾아낸다. 또 신용카드 이용대금 명세서를 보면 쇼핑이나 식사를 한 기록이 남아 있다. 여러 군데 레스토랑에서 식사를 한 날 중, 그때의 이야기에서 기억에 남는 것이 있었다면 '상대가 이렇게 말한 기념일'로 지정하는 것도 재미있는 방법이다. 또 혹시 생일 선물을 얼마 전에 받았다면, '당신이 내 생일 선물을 준 지 한 달째 되는 날' 등을 정해서 주는 것도 좋다.

이런 식으로 생각해보면 많은 특별한 기념일이 가능하다. 따라서 갑작스러운 선물을 주는 경우 상대가 예상하지 못한 이유를 설명한다면 상대방도 재미있어하면서 부담 없이 받아들일 수 있을 것이다.

간단한 선물을 꼭 준비하라

예전에는 멀리 떨어져 있는 사람을 방문할 때는 꼭 크든 작든 선물을 가지고 가곤 했다. 특히, 상대방이 해외에 살고 있거나 외진 곳에 살고 있어서 여건상 구하기 힘든 물건을 가지고 가면, 받는 사람 입장에서는 굉장히 기뻐한다. 자신이 필요한 것을 알아주는 마음과 '일부러 가져다주었다'는 배려와 수고에 대해 고마워하는 것이다.

그러나 최근에는 교통망과 배송 시스템의 발달에 따라 시간이나 공간을 뛰어넘어 원하는 물건을 쉽게 구할 수 있게 됐다. 그에 따라 요즘에는 무거운 물건을 직접 전해줄 필요도 없어지고, 심지어는 택배, 퀵서비스, DHL, EMS 등으로 선물을 전하기도 한다.

또한 물자가 풍부해져서 선물을 받아도 그냥 방치되는 경우도 많다. 받은 물건이 그다지 유용하진 않지만 버리기에는 상대방의 마음까지 버리는 것 같아 쉽사리 그러지도 못한다. 그러나 사용하지 않는다면 결국 언젠가는 버리지 않을 수가 없고, 혹시 나중에 사용하려고 해도 때늦은 경우도 많다.

이와 같은 시대의 흐름에 따라 간단한 선물의 습관은 없어져 가는 것 같다. 멀리 있는 사람을 방문할 때도 빈손이다. 합리적이긴 하지만 허전한 마음도 든다.

선물은 꼭 좋은 것이 아니어도 좋다. 선물은 '마음'이기 때문에 그 자체로 큰 의미가 된다. 예를 들어 부모님이나 장모님 댁에 가면 대개의 경우 이것저것 여러 가지 먹을거리를 챙겨주신다. 대부분 슈퍼에서 구할 수 있는 것들이지만, 정말로 고맙게 느껴진다. 바로 그분들의 마음이 담겨 있기 때문이다.

그래서 나는 꼭 권유하고 싶다. 조금 멀리 가는 경우에는 반드시 조그마한 선물을 준비하라. 특히 해외로 나가는 경우, 유럽이나 미국에서는 비즈니스 시에 거래처에 선물하는 습관이 없는 것이 통상적이지만, 그렇기 때문에 더욱 간단한 선물을 가방에 넣고 다니는 것이 좋다. 특히 한과나 복주머니 같은 한국적인 것이라면 더욱 좋다. 그리고 선물은 방문하려는 상대방에게 주는 것이 아니라 그 사람을 도와주는 비서 또는 부서 사람 등 주변 사람에게 줄 것을 권한다. 그리고 꼭 잊지 말아야 할 한마디, "항상 저의 일을 도와주셔서 감사합니다"라고 건넨다.

상대방은 자신을 도와주는 사람에게까지 간단한 선물을 준비하는 당신에게 고마워할 것이고, 기대하지 않았던 선물을 받은 그들도 당신과 관련된 일을 우선적으로 처리해줄 것이다. 단, '작은 물건'이라는 것이 중요하다. 너무 비싼 물건인 경우에는 아부하는 듯한 느낌을 줄 수 있기 때문에 받는 상대방도 부담스러울 수 있다. 멀리서 가져온 것이지만 받기에 부담스럽지 않고, 그저 당신을 위해서 가지고 왔다는 마음만 전할 수 있다면 충분하다.

5

배려는 '노블리스 오블리제'다

친절의 어루만짐이 있다면,
하루 생활은 참으로 아름다울 것이다!

• 조지 엘리스턴 •

동전 한 개의 오블리제

최근 사회 일각에선 노블리스 오블리제 운동이 펼쳐지고 있다. 이는 가진 자가 사회를 위해 무엇인가를 환원하는 것을 자신의 사회적 의무처럼 여기고 실천하는 것을 말한다. 철강왕 카네기, 석유 재벌 록펠러에서부터 현존하는 세계 최대의 갑부 빌 게이츠에 이르기까지 미국 부자들의 자선 기부문화도 이런 전통을 이은 것이다.

우리가 그들처럼 거창하게 남을 돕지 않는다 해도, 우리가 베푼 작은 배려 하나가 사회를 아름답게 하는 작은 불씨가 될 수 있다고 믿는다. 우리도 우리가 가진 범위 안에서 우리의 정성을 사회에 환원하고자 노력해보자. 유영희 씨의 수필은 이런 모습을 잘 보여주고 있다.

안동 하회마을, 도산서원 등 근동의 여러 곳을 답사하기로 한 문학기행의 일정은 빠듯하기만 하였다. 갑자기 쌀쌀해진 날씨 탓에 오지 않는 버스를 기다리며 휴게실에 옹기종기 모여 있었다. 같은 반을 제외하고는 낯선 얼굴들이 대부분이었다. 썸벅 낯선 사람에게 다가가지 못하는 주변머리는 선배들에게 인사도 못 드리고 같은 반 식구들에게만 웃음을 건넸다.

따뜻하게 챙겨 입었는데도 새벽의 한기 앞에 옷의 방어선은 맥없이 무너져버렸다. 아침도 제대로 못 먹고 나왔다는 반원들에게 따끈한 차나 한잔하자며 자판기 앞으로 몸을 돌렸다. 초면인 분이 커피를 뽑고 계셨다. 책 위에 몇 잔의 차를 받쳐 들고 있던 분이, 500원 동전을 자판기에 다시 집어넣는다. 커피를 더 뽑으시나 보다 했는데 싱긋 웃음을 던지며 "이걸로 빼서 드세요"라는 말을 남기고 일행이 기다리는 곳으로 가셨다.

달랑 내 식구 것만 챙겨들고 있던 손이 부끄러워진다. 초면인 분

의 느닷없는 배려 앞에서 처음 느낀 건 감사보다 당황함이 더 컸다. 500원 동전을 넣어주며 웃음을 주셨던 분의 얼굴조차 제대로 확인하지 못하고, 자판기에 빨갛게 켜 있는 '500'이란 숫자에만 멍하니 눈을 두고 있었다. 낯선 얼굴이지만 같은 수필 회원이니 차 한 잔 권하는 거야 특별한 일도 아니지만, 동전을 넣어주는 배려는 처음 접하는 일이었다.

익숙한 얼굴들에게 차를 뽑아 돌리고는, 가방을 뒤져 있는 대로 동전을 자판기에 넣어두었다. 다음 사람도 내가 받았던 감사를 전달받았을 것이다. 그도 역시나 주머니를 뒤져 더 많은 동전을 자판기에 넣어둘 것이다.

큰 횡재를 한 듯 기분이 좋아졌다. 단돈 몇만 원에 사람 목숨도 빼앗는다는 세상에 낯선 분의 배려는 값을 매길 수 없는 큰 행복과 사랑으로 가슴에 심어졌다. 작은 나눔, 큰 사랑이라 했던가? 500원의 배려는 낯선 얼굴을 향하여 얼마든지 행할 수 있는 작은 사랑의 실천이며 큰 사랑의 나눔, 바로 그것이었다.

작은 친절은 세상을 향한 배려다

출근 시간, 사무실 빌딩은 사람들로 북적거린다. 특히 사람들이 드나드는 문은 정신없이 열리고 닫히고 돌아간다.

그런 와중에 두 종류의 사람들을 볼 수 있다. 회전문의 경우, 문의 손잡이에 손을 대고 회전속도를 적절히 조정하면서 혹시라도 뒤에 들어오는 사람들이 다치지 않을까 신경 쓰는 사람들이 있는 반면, 전혀 손을 사용하지 않고 돌아가는 회전문 안으로 재빠르게 살짝 들어가서 마치 무임승차하듯이 지나가는 사람들이 있다.

일반적인 여닫이문의 경우도 마찬가지다. 여닫이문은 크게 흔들리기 때문에 다음 사람이 들어오는지 확인을 하고, 다음 사람이 안전하게 들어왔을 때 들어가는 것이 배려다. 그런데 누가 문을 열면 재빨리 뒤에 붙어서 역시 무임승차하듯이 미끄러져 들어가는 사람이 있는데, 누가 보아도 얄미워 보이지 않을 수 없다. 다음 사람이 없다면 손을 놓아도 좋지만, 한 사람이라도 뒤따라 들어오는 경우에는 약간 기다리더라도 안전하게 건네주고 들어가는 배려를 해보자. 기껏해야 5초, 다른 사람도 기분 좋게 문을 열 수 있는 시간이다.

또한 엘리베이터를 타고 내리는 경우도 마찬가지다. 자기가 제일 먼저 탔다면, 다음 사람이 안전하게 탈 수 있도록 오픈 버튼을 눌러 문을 잡아주자. 아무리 급한 일이 있어도 엘리베이터의 경우 기다리던 사람이 다 타야 움직이기 때문에, 급할수록 사람들이 안전하게 탈 수 있도록 도와주는 것이 좋다. 또, 자기가 탈 때까지 문이 닫히지 않도록 배려를 해주는 사람이 있다면 그 사람에게 가벼운 미소를 지어 감사의 뜻을 표현하는 것도 잊지 말자.

별것 아닌 것 같지만, 그런 작은 친절을 받은 사람은 다른 곳에서 다른 사람들에게 그대로 베풀게 된다. 쉽게 말하면 전염되는 것이다. 그 친절이 당장 나에게 돌아오지 않을 수도 있지만, 서서히, 서서히 세상은 바뀌게 된다.

선두를 양보하는 배려가
사회를 부드럽게 만든다

목적지에 가기 위한 길이 하나밖에 없다고 가정하자. 그런데 길은 매우 좁다. 누가 선두에 설 것인가 결정하지 않으면 안 된다. 같은 그룹이라면 그룹의 규칙에 따르면 된다. 연령순일 수도 있고, 지위가 높은 사람일 수도 있다. 그러나 그룹이 다른 경우에는 경쟁을 해야 한다. 목적지가 매력적이면 매력적일수록 격렬한 선두 경쟁이 될 가능성이 높다.

그럴 때, 우리 모두 '인간사회'라는 동일한 그룹에 속해 있다는 사실을 떠올리자. 인간사회에는 서로 편안하고 사이좋게 살아가기 위한 룰이 있다. 그 룰이란 바로 '매너'와 '에티켓'이다.

사람은 누구나 자기중심적이지만 자신을 지키기 위해서는 오히려 지나치게 이기적인 자세는 버려야 한다. 자기가 선두에 서고 싶다면 자신과 같은 생각을 하는 사람이 또 있다는 것을 잊지 말자. 그럴 경우 자신의 욕심을 과감히 버리는 것이다. 약간 늦게 가더라도 긴 인생에서 그렇게 큰 손해를 보지는 않는다. 대체 무엇을 위해서, 그리고 누구를 위해서 그렇게 급히 가려고 하는가? 어디로 향하고 있는 것인지 차분하게 고려해본 적이 있는가? 따져보면 누구에게나 최종 도착지는 죽음이다. 그렇게 생각하면 급히 서두른다는 것은 그리 기분 좋은 일이 아니고, 그렇게 급하게 서둘렀던 자신이 우스워질 것이다.

여유를 가지고 행동하자. 여유 있는 사람만이 진심 어린 양보를 할 수 있다. "먼저 가세요"라는 말을 입에 달고 살아보자. 운전할 때도, 엘리베이터를 탈 때도, 가게에 들어갈 때도, "먼저 가세요"라는 말을 듣고 기분이 좋아진 사람이 다른 곳에 가서 똑같은 배려를 베풀기를 희망하면서 실천하자.

출근길 지옥철을 쾌적하게 하는 마술 같은 한 마디

대중교통을 이용하다 보면 사람들과 어쩔 수 없이 접촉하게 된다. 특히 만원인 지하철 안에 갇혀 어지간히 밀착된 상태로 있어야 할 경우, 서로 부딪히고 짜증이 나게 마련이다. 이럴 경우 "죄송합니다"라든가 "실례합니다"라는 뭔가 사과하는 말 한 마디가 있으면 서로 간에 온화한 분위기가 될 수 있다. 유럽이나 미국 사람들이 잘하듯이 어깨를 으쓱하며 가볍게 놀라는 표정을 짓는 것도 좋다. 그것은 접촉하게 된 상대방에 대한 배려이기도 하다. 상대방은 혼잡함으로 인해 나던 화도 수그러들고 자신도 침착한 기분이 될 것이다.

중요한 건 이러한 인사는 아무렇지 않은 듯이 해야 한다는 것이다. 즉 자신만의 일방적인 감정 전달에 그치도록 해야 한다. 강요하는 듯한 행동이 되어서는 안 된다. 이러한 가벼운 배려는 상대를 상쾌하게 한다.

비어 있는 지하철이나 열차의 경우는 약간 상황이 달라진다. 모든 사람들의 마음에 여유가 있어서 마음의 교류가 가능하다. 즐겁게 이야기하는 사람들이 있으면 미소와 함께 바라보는 자세를 취해본다. 이것은 그 즐거운 무드로부터 서로 정을 나누려는 태도라 할 수 있다.

아이들을 데리고 온 사람들이 있으면 아이들의 귀여운 행동을 잘 관찰해본다. 아이들을 보며 자연스럽게 자신의 얼굴에도 미소를 떠올려 보자. 그 미소를 그대로 아이를 데리고 온 사람에게 향한다. 말없이 마음이 따뜻해지는 교류가 이루어지는 것이다. 귀찮은 아이라고 생각하면서 쳐다보면 자신의 기분만 불쾌해질 뿐이다. 타고 있는 순간 그 안에서 즐거워질 수 있는 요소를 찾아보려는 생각이 필요하다.

말하는 것만으로도
사람의 마음을 밝게 하는 작은 친절

'여행 중엔 창피한 일이라도 크게 부끄러울 게 없다'는 말이 있
다. 여행 중에는 모르는 사람뿐이라서 아는 사람 앞에서는 할 수
없는 부끄러운 일도 아무 생각 없이 해버린다는 뜻이다. 사람들
은 자기를 아는 사람이 없는 곳에서는 이상하게 행동하는 경우
가 많다. 흔히, 예비군 훈련만 가더라도 알 수 있다. 평소에는 양
복을 말쑥하게 차려입고 어려운 일을 하는 사람도, 예비군 훈련
에만 오면 모자를 삐뚤게 쓰고, 껌을 씹으면서 침을 뱉는다. 또한
해외에 여행을 가서 추태를 부리는 사람들 때문에 '어글리코리안
Ugly Korean'이라는 말까지 생겨났다. 다소 상식 이하의 짓을 해도
다음에 만날 기회가 없을 것으로 생각해 자기 마음대로 행동하
는 것이다. 그러나 모르는 사람이 언제까지나 '모르는 사람'이라
는 보장은 없다. 여행 중에 대담한 행동이 재미있는 추억으로 남
는다고 생각한다면 할 말이 없지만, 사람들로부터 빈축을 살 만
한 짓을 하면 뒷맛이 개운치 않은 나쁜 기억이 된다는 것은 부정
하지 못할 것이다.

그래서 어디에서건 누구와 함께 있든 예의 바르게 행동해야

한다. 무거운 물건을 들고 어려워하는 사람이 있으면 "제가 들어

드릴게요"라며 같이 들어주자. 길을 몰라 쩔쩔매는 사람이 있으

면 "어디 찾으세요?"라며 길을 알려주거나 시간이 있으면 함께

찾아주자. 자신에게는 약간의 노력으로 가능한 작은 일을 솔선해

서 하는 것이다. 만약 너무 무거워서 들어주지 못했거나 길을 잘

가르쳐주지 못했다 하더라도, 상대방은 당신의 친절한 한 마디만

으로도 불안감과 막막함이 없어질 것이다.

그렇다고 커다란 희생이나 막대한 비용을 부담해야 하는 일까

지 일부러 나서서 할 필요는 없다. 자신에게는 비록 작은 일이라

도 상대방에게는 큰 기쁨이 되는 경우가 많다. 작은 일이기에, 그렇게 크게 기대하고 있지 않겠지만 의외로 그 기쁨은 더욱 커질 수 있다.

여행 중에도 작은 친절의 한 마디를 마음에 담아두자. 모르는 사람이 기뻐하는 얼굴은 자신의 마음속 등불이 되어 마음을 밝고 따뜻하게 해줄 것이다. 마음이 푸근해지는 추억을 만들어보자. 이것은 약간의 노력만으로도 가능하다.

따뜻한 배려

얼마 전 창밖에서 비 오는 소리가 들리자 걱정이 생겼다. 친정아버지가 이날 경기도 광주에 있는 동생 집에 갔다가 귀경하고 계셨기 때문이다. 여든이 넘은 노인이 혼자 우산도 없이 비를 맞고 가실 생각을 하니 마음이 심란했다.

급히 휴대전화로 전화를 걸었더니 마침 버스에 타고 계셨다. 우산을 가지고 가셨냐고 묻자 아버지는 예상대로 "없다"고 하셨다. 버스에서 내리면 우산부터 구입하시라고 말씀드리고 전화를 끊었지만 평소 근검절약이 몸에 밴 분이라 우산을 사실지는 알 수 없었다.

그러고 나서 한 시간 뒤 다시 아버지에게 전화를 걸었다.

"우산을 사셨어요?" 걱정이 되어 물었더니 역시나 아버지가 "사지 않았다"고 답하는 것이었다. 속상한 마음이 들려는 순간, 아버지가 "그래도 비 한 방울 맞지 않고 집에 돌아왔다"고 말씀하시는 것이었다. 버스 기사로부터 우산을 받았다는 것이다.

알고 보니 서울 강변역 종점에 도착한 아버지가 비 때문에 내리지 못하고 머뭇거리자, 버스 기사가 "비가 많이 오네요. 이걸 쓰고 가세요"라며 선뜻 자기 우산을 내주더라는 것이었다. 아버지는 "요즘 같은 세상에 보기 드문 사람"이라며 흐뭇해하셨다. 그리고 "얼떨결에 우산을 받고 내리느라 어떻게 돌려줘야 하는지, 기사 양반 이름도 물어보지 못했다"며 아쉬워하셨다.

자식이 아버지를 구타하고 버린다는 뉴스가 심심치 않게 보도되는 요즘, 낯선 노인 승객에게 친절을 베푼 그 버스 기사님의 따뜻한 마음에 머리 숙여 감사드린다.

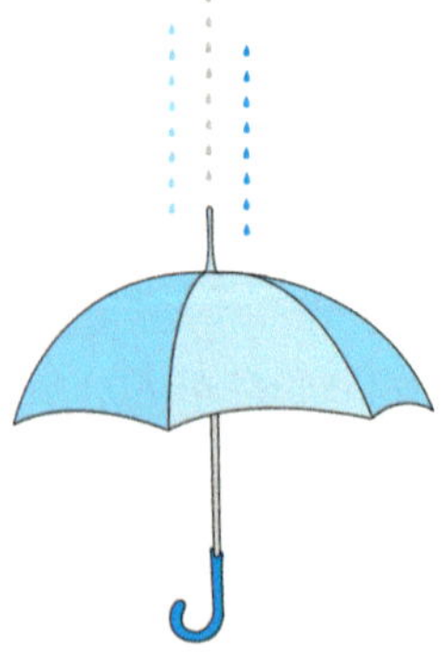

조금만 마음을 쓰면

이 세상 전체가 조금이라도 행복해집니다.

혼자뿐인 고독한 사람이나

의기소침한 사람에게

한두 마디 부드러운 말을 걸어줍시다.

아마도 당신은 내일이면

그런 친절한 일을 한 것을 잊어버리게 될 것입니다.

하지만 친절하게 대접받은 그 사람은

당신의 말을

일평생 가슴에 품게 될 것입니다.

• 카네기 명언록, 『절망은 없다』 중에서 •

관계를 바꾸는 힘

배려

———

1판 1쇄 2015년 9월 10일
3쇄 2024년 3월 10일

지 은 이 지동직

발 행 인 주정관
발 행 처 북스토리㈜
주　　소 서울시 마포구 양화로7길 6-16 서교제일빌딩 201호
대표전화 02-332-5281
팩시밀리 02-332-5283
출판등록 1999년 8월 18일 (제22-1610호)
홈페이지 www.ebookstory.co.kr
이 메 일 bookstory@naver.com

ISBN 979-11-5564-106-4　13190

※이 책은 『배려의 기술』의 개정판입니다.
※이 서적 내에 게재된 글 중 저작권 허락을 받지 못한 일부 작품에 대해서는 저작권자가 확인되는 대로
　계약을 맺고 그에 따른 저작권료를 지불하겠습니다.

※잘못된 책은 바꾸어드립니다.